地図でみる京都
知られざる町の姿

岩田　貢・山脇正資　著

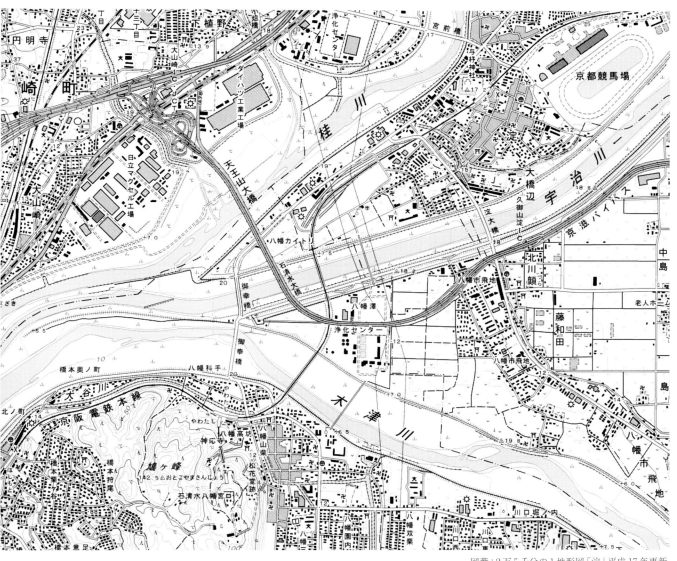

図葉：2万5千分の1地形図「淀」平成17年更新

目次

01 京丹後市峰山町	～震災を乗り越えた交通の要地～	4
02 京丹後市網野町	～震災後の市街地整備と縮緬の町～	6
03 京丹後市久美浜町	～潟湖と砂丘の恩恵を受けて～	8
04 伊根町	～伝統的な舟屋群と地すべり地形～	10
05 宮津市	～天橋立と二分された市域～	12
06 与謝野町岩滝	～縮緬とニッケル工場～	14
07 与謝野町加悦	～地域を支えたニッケル・縮緬と加悦鉄道～	16
08 舞鶴市(東地区)	～軍港都市から工業都市へ～	18
09 舞鶴市(西地区)	～城下町から港湾都市へ～	20
10 福知山市(中心部)	～由良川と共に生きる町～	22
11 福知山市(長田野周辺)	～大規模な流路変遷により生まれた長田野台地～	24
12 舞鶴市志高・福知山市大江町	～由良川とどうつきあってきたか～	26
13 福知山市夜久野町	～京都で唯一の火山がもたらす恩恵～	28
14 綾部市	～陣屋町からグンゼの町へ～	30
15 京丹波町須知	～人・物の中継地から蒲生野の開発へ～	32
16 京丹波町和知・南丹市日吉町胡麻	～内陸部にみられる川の造形～	34
17 南丹市園部町	～京都市との繋がりと口丹波の中心地～	36
18 亀岡市	～京都市に隣接する丹波の入口～	38
19 京都市北区・上京区	～都市計画とその後の発展～	40
20 京都市上京区・左京区・中京区	～鴨川の西と東～	42
21 京都市東山区・下京区・南区	～京都の玄関口と信仰の地～	44
22 京都市山科区	～洛外から洛東へ～	46
23 京都市右京区	～嵐山・嵯峨野の景観保全～	48
24 京都市西京区・向日市・長岡京市	～丘陵に生きる地域～	50
25 京都市伏見区	～歴史の舞台と災害～	52
26 京都市伏見区・大山崎町・久御山町	～京都盆地の出口，三川合流地域～	54
27 宇治市	～宇治川の谷口に成立した町～	56
28 城陽市・久御山町	～丘陵と低地に広がる生活域～	58
29 八幡市	～洪水との闘いと開発～	60
30 京田辺市・井手町	～多彩な地形と古くからの居住地～	62
31 宇治田原町	～山間地を克服する新旧の産業振興～	64
32 木津川市木津町・山城町	～奈良盆地への北の入口～	66
33 木津川市加茂町	～大都市との近接性で生きる地域～	68
34 精華町	～国一揆終焉の地が学研都市へ～	70
35 笠置町・和束町	～南山城水害を乗り越えて～	72
36 南山城村	～断層崖で隔てられた高原と河谷～	74
索引・用語解説		76
地名(主なもの)		78

まえがき

知らない町を歩くことは楽しい。町の成り立ちに気付かされ，自分なりの視点を持ち，新しいものを見つけたときの嬉しさは計り知れない。

知っているはずの町を歩くことは楽しい。改めて町の成り立ちに感じ入り，人々の生活を支えている環境を理解したときの満足感は望外のものがある。

京都市のみならず府内各地を訪れたり京都を語る機会は多くあっても，それぞれの成り立ちや現状を知る機会は意外と少ない。そこで，本書は地図と解説をもとに府内の北から南にある町を対象にして，地域の姿に触れる喜びを得られるように企画したものである。

まず地図を見て欲しい。本書では取り上げたすべての町を原寸大の国土地理院発行2万5千分の1地形図で表している。方角も距離も標高も正確であることが第一の理由である。図上の1cmは実際の250mの距離を表しており，歩いたり自転車で見て廻るにはたいへん好都合な縮尺となっている。同縮尺だからこそ，町同士を比べると違いが際だってくるから面白い。

また地形図には等高線という多数の線がみられる。学校では間隔が密であれば傾斜が急で，広がっていれば傾斜が緩やかだと習う。等高線で表現される地形の姿は，ハイキングや登山のみならず，自然災害を予測したり被災に遭遇した際に，安全か危険かを判断するひとつの目安として，きわめて重要な情報を与えてくれるものである。また今密

京都府内の市町村

＊本書で取り上げた地域
（点線は平成の大合併以前の行政区画を示す）

かなブームとなっている坂道巡りなど，こだわりのある町歩きには欠かせないものでもある。実際の地形と併せて見ることで，等高線が意味することを徐々に理解して欲しい。

さらに地形図には地図記号が多く記入されている。一見無味乾燥に見えるかも知れないが，地図上の記号をたどり解説を読み現地に立つことで，なぜここに集落が発達し，工場ができ，耕地が広がっているかなど，人々が積み重ねてきた判断に合理的な理由があることを発見することができる。

そして本書を手に是非とも町々を歩いていただきたい。現地を訪問すれば，生活や生産活動を営まれている人々が協力し合いつつ，地域の景観や環境を大切にしようとされている姿を感じることができる。

本書における解説は，地形図に表された地域の特徴を読む助けとして設けている。地理的事象に関するいくつかの専門用語については，巻末に設けた用語解説も参考にしつつ読んでいただきたい。ただ解説や地形図は紙面の制約上，全てを網羅できている訳ではない。歴史的事象の情報も限定的である。さらに，合併前の旧自治体を含め府内全ての町を網羅できていない点は，我々の力不足を痛感しているところである。

最後に，本書の「地図」に触れその解説を読まれることが，京都府内各地に興味を持ち，知りたい，歩きたいと思われる方々への一助になれば幸せである。

2018（平成30）年12月

岩田　貢（龍谷大学）

3

01 京丹後市峰山町 ～震災を乗り越えた交通の要地～

図葉：2万5千分の1地形図「峰山」平成13年修正測量

地形を活かした土地利用

本図は京丹後市峰山町がある峰山盆地を示す。盆地は花崗岩による高度200～300ｍの山地に囲まれ，北流する竹野川に鱒留川や峰山市街地を東通する小西川が合流する。丹後では特に竹野川流域は河岸段丘の発達が著しい。流域が広く隆起域にあり砂礫の供給が多いことに因ると考えられている。右岸の河辺から新町，対岸の善王寺，鱒留川左岸の菅と新治の各集落は低位段丘上にあり，田の利用もみられる。この段丘は約5～10ｍ程度の厚さの砂礫層からなり，緩斜面の扇状地が重なり段丘面と判別しにくい。小西川両岸部は段丘化した沖積地で，峰山の市街地はその上に発達している。荒山や長岡の大部分も段丘化した土地で，田にも利用されている。

現河流の氾濫原は竹野川と鱒留川の両岸に300～500ｍ幅で伸びている。峰山駅東方の田は1655年建設の丹波大溝水路の恩恵を今も受けている。建設時，大溝は鱒留川の合流点付近で取水され2段の沖積地の境を沿い，木製の箱樋で小西川を渡され丹波集落の南に広がる低位の氾濫原の田を潤した。現在の取水堰は国道(432)表示の橋の上流側に読図できる。

陣屋町の発達と絹織物業

遺跡では，地図表示はないが峰山駅南西の弥生時代高地性環濠集落跡や本図北西の赤坂今井墳墓が注目される。

現在の中心市街地は，舞鶴と網野を結ぶ南北方向の現府道(本町通)と，間人と久美浜に通じる東西方向の道路が交わる要地に発展した。中世には，吉原西方の標高180ｍの権現山に一色氏一族の峰山城が造られた。1622年には1.3万石を得た京極高通により権現山登山口付近に陣屋が造られた。東の吉原付近に武家地が，その南に町屋が開かれて陣屋町が形成された。本町通の交差点付近には生糸や絹織物の商店が並び，宝暦や文化期には小西川南岸も開発された。峰山小学校西の常立寺には京極家の墓地や森田治郎兵衛翁の墓がある。翁は奈良時代からの絹織物産地に，西陣の技術を享保期に持ち帰り「丹後ちりめんの祖」となった。以降丹後機業として発展し1975年頃に最盛期を迎えた。その後構造不況に陥り，生地や帯地を主とする生産が低下した。しかし現在も地域を支える産業として継続され丹後織物協同組合が

建設した中央加工場が旧大宮町河辺で操業するなど，生産が続けられている。

写真1　丹後震災記念館前から見た峰山町市街

自然災害による被災と復興

当地で特筆すべきは，1927年3月のマグニチュード7.3直下型の北丹後地震による被災である。市街地の安や杉谷，南方の新治付近に南北方向の3本の地表地震断層が現れ，多くの木造家屋が倒壊した。地震発生が冬季の夕刻であったことから，火気使用中のかまどや風呂からの火災が多発した。狭い道路や過密な住宅街が延焼を拡げて避難や救出が妨げられ，峰山町内だけでも死者1103人，重軽傷者530人の大惨事となった。

注目すべきは被災直後から早急に復興活動が開始された点である。これは多大な費用と時間を要する区画整理は行わず，市街地内の主な道路の拡幅を主とする事業で，繊維業者など町有力者の主導の下，営業活動の早期回復を目指すものであった。全国からの支援も多く寄せられ，震災を記念するため，2年後には現峰山高校北東の薬師山に京都府により丹後震災記念館と峰山町震災記念塔(図中記念碑🏮)が建てられた。今も記念館前からは市街地が展望でき，災害復興の努力を偲ぶことができる。

他の自然災害では雪害が著しい。1963(昭和38)年の「三八豪雪」では，市街地で1.8ｍ，周辺部で2～3ｍの積雪があり，家屋損壊や交通途絶による孤立集落の発生など多くの被害が発生した。

(岩田)

[参考文献] 峰山町・峰山町教育委員会 2004.『わがまち峰山』，山本四郎 1995.『新版 京都府の歴史散歩 下』山川出版社，植村善博 2015.『環太平洋地域の地震災害と復興──比較地震災害論──』古今書院.

01 京丹後市峰山町 〜震災を乗り越えた交通の要地〜

02 京丹後市網野町 ～震災後の市街地整備と縮緬の町～

図葉：2万5千分の1地形図「網野」平成26年調製・「峰山」平成13年修正測量

震災とその後の復興

1927年3月7日18時27分39秒、丹後地方でマグニチュード7.3の大地震が発生し、総数で死者2925名、負傷者7806名、全壊・半壊家屋2万3470棟、全焼家屋7523棟という大きな被害が生じた。北丹後地震である。中でも峰山から網野にかけての被害は甚大で、道路や田畑に食い違いが生じるなど地面に大きな変位が生じた。関東大震災直後ということもあり、地震発生後、多くの研究者が丹後を訪れ、詳細な調査が行われた。このとき生じた地面のずれは郷村断層と呼ばれ、「活断層」という用語が日本で初めて使用された。断層は、北北西―南南東方向で長さ約15～18kmにわたって現れ、左横ずれ2.5m、西側隆起0.8mという変位を生

写真2a 郷村断層のトレンチ調査（1985年撮影）

写真2b 保存されている郷村断層（高橋地区）

じた。これらの断層の一部は天然記念物として保存されており、本図中では、網野町高橋地区と郷地区にその記載がみられる。

網野町は、明治時代以後に縮緬産業が発達し、約1300人の職工を有する丹後機業の一大集積地となっていた。網野町の市街地は、もともと浜堤上に発達していたが、機業が発展するとともに、背後の後背湿地上にも拡大した。機業による生産額は600万円を越え、この地域最大の産業となっていたが、地震とその直後に発生した火災により、網野の市街地は壊滅的な状態となった。

地震発生後、復旧作業が進められる中で、当時の町助役・区長・各組長らは、災害の復興を、それまでの入り組んだ街路、排水不良の市街地を全面的に改善する機会ととらえ、機業関係の多くの組織・人々や地域の住民を説得し、協力して区画整理事業を実施した。この結果、市街地は整然とした街路に生まれ変わった。本図でもその状態が読み取れる。

2つの潟湖と2種類の砂丘

地図中、網野市街地東方の離湖が目立つ。離湖は京都府最大の淡水湖で、面積は388.7千m²、最大水深7mである。かつては日本海とつながっていた湾入の一部であったが、砂州・砂丘の発達により、外海から閉ざされ、潟湖になったものである。古くから水位上昇で離湖周辺の田畑が浸水するため、1674年暗渠の樋越川が開削された。しかし、この暗渠も出口が閉ざされるため、1952年新しい水路として新樋越川が開削された。これらの水路は地図からも読み取れる。

網野の市街地は、福田川河口付近の浜堤や背後の後背湿地上に発達している。市街地背後の福田川沿いは低地が広がる。この福田川沿いの低地にかつて潟湖である浅茂川湖がみられた。江戸時代末期から、上流の山土を切り崩して、湖の埋め立てがすすめられ、1970年代の土地改良区の埋め立て工事により消滅した。

網野周辺の海岸部には海岸砂丘が発達している。これらの砂丘は、古い時代に形成された古砂丘と新しい時代に形成された新砂丘に分類することができる。古砂丘は、黄褐色で、砂丘上を鳥取県の大山から飛来した火山灰（DKP）や大陸から飛来したレスを母材とする古土壌が覆い、中位段丘面上にのるものもある。

図中北東端の琴引浜は、鳴き砂で有名である。約1800mの砂浜に沿って、足を擦らすように歩くと、「キュッキュッ」と良い音がする。鳴き砂は全国的にみられるが、これほど広範囲で明瞭に鳴く浜は珍しい。これらの砂は、石英含有率が高く、粒径も6mm程度で、丸みを帯びているのが特徴である。背後の砂丘の砂が供給源とされ、特に春先によく鳴くという。波により冬季に沖合へ運ばれ、洗浄された砂が、春に海岸部に堆積するからである。

（山脇）

[参考文献] 京丹後市 2013.『京丹後市史資料編 京丹後市の災害』．京丹後市 2015.『京丹後市史本文編 京丹後市の自然環境』．

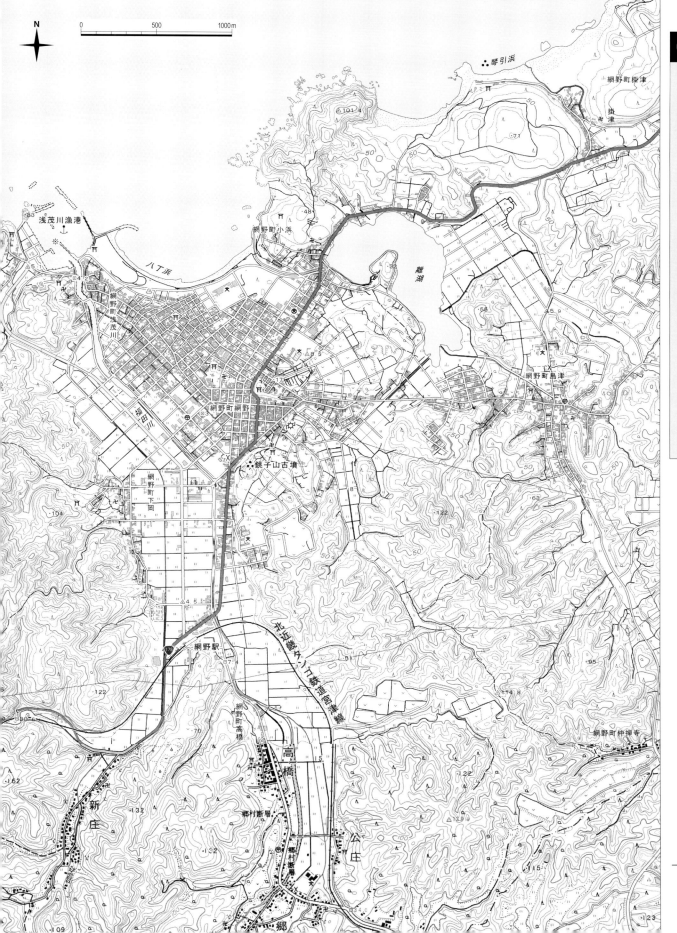

02 京丹後市網野町 〜震災後の市街地整備と縮緬の町〜

03 京丹後市久美浜町 〜潟湖と砂丘の恩恵を受けて〜

図葉：2万5千分の1地形図「久美浜」平成12年修正測量

久美浜湾と小天橋砂州

　久美浜湾は日本海と小天橋砂州で隔絶された潟湖である。小天橋砂州は葛野集落付近から湊宮集落付近まで、長さ約2.5km、幅300〜800mで続いており、宮津の天橋立砂州より幅が広い。葛野浜では、砂州内にもかかわらず、「くろどて」と呼ばれる黒色腐植層が露出し、その下には大陸から飛来したレスを母材とする古土壌や鳥取県の大山の火山灰がみられる。この火山灰は今から約6万年前の噴火によるものとされ、大山倉吉軽石(DKP)と呼ばれている。これらから小天橋砂州は単なる砂の移動によって形成されたものではなく、最終間氷期に形成された段丘を核として成長したものと考えられる。

写真3　久美浜湾と小天橋

　久美浜湾は、小天橋によって外海から閉ざされた面積約7.1km²、最大水深20.6mの汽水性の潟湖である。日本海とはかつて湊宮付近の細い出口でつながっていたが、しばしば砂に閉ざされたため、1913年、水戸口と呼ぶ細い人工水路を開削し、この水路を通じて漁師は、日本海へ出漁することができるようになった。現在久美浜湾内ではクロダイ、スズキ、ボラ等の魚類が生息し、カキやクルマエビなどの養殖が行われている。

砂丘に埋まった函石浜遺物包含地

　小天橋砂州の付け根付近から、図外東方の浜詰あたりまでは海岸段丘が発達し、箱石集落付近の露頭では礫層も確認できる。海岸付近は段丘崖がみられるが段丘面上には海岸から風で運ばれてきた砂丘の砂がのっている。

　南方から流れてきた佐濃谷川は日本海に注ぐ直前で、大きく流路を西向きに変え、久美浜湾に注いでいる。この佐濃谷川の屈曲点付近に標高約40mのこの地域最大の砂丘がみられるが、この砂丘はその形態から、西南西から東北東方向に段丘上へ這い上がってきた砂丘であることがわかる。砂丘の海岸側には、「函石浜遺物包含地」の説明板が建っている。縄文時代後期から室町時代にかけての遺物が風成層下からみつかっている。中でも、この遺跡を有名にしたのは、中国が「新」の時代に発行した「貨泉」がみつかっていることである。かつてこの地が大陸と交易で繋がっていたことを窺わせる。佐濃谷川がかつて、海岸部でも北流し日本海に直接流出しており、函石浜遺物包含地がその時代の河口港ではなかったかという考えがある。現在は風成砂に覆われ、当時の様子を推し量ることは困難である。

　本図中には、海岸部を除いて「砂れき地」の記号はなく、そこが砂丘地かどうかは地図中からは判断できない。これは風成砂により集落や畑などが埋没しないよう、クロマツやニセアカシア等の植林により固定化がすすめられたからである。他方、砂丘地は水さえ確保できれば、良質の畑や果樹園として利用できる。固定された砂丘地の一部は、農地に変えられ、梨、メロンや野菜の栽培などの砂丘農業が行われている。

段丘と沖積低地

　久美浜湾には、川上谷川や佐濃谷川などが流入している。これらの河川沿いの沖積低地は主に田として利用されている。一方、久美浜湾東岸の浦明や長柄付近には約13万年前に形成された中位段丘がみられ、一部は古砂丘がのっている。これらの段丘上は、ブドウや梨などが栽培され、地図中にも果樹園の記号がみられる。

　本図中南側の川上谷川の河口付近には、甲山流紋岩火山岩層からなる兜山がランドマークとして聳えている。山体中央部が旧火道部にあたり、堅牢なため侵食から取り残されたとされる残丘地形である。

　兜山東麓には面積約3万m²のハス池と呼ばれている池沼が存在する。縄文海進後、後背湿地内で排水不良となり池沼となったものである。　　　　　（山脇）

[参考文献] 京丹後市 2015.『京丹後市史本文編　京丹後市の自然環境』、京丹後市 2013.『京丹後市史資料編　京丹後市の災害』、山脇正資 2011.京都府、久美浜砂丘地における砂丘の形態と砂の移動. 京都府立嵯峨野高等学校研究紀要12.

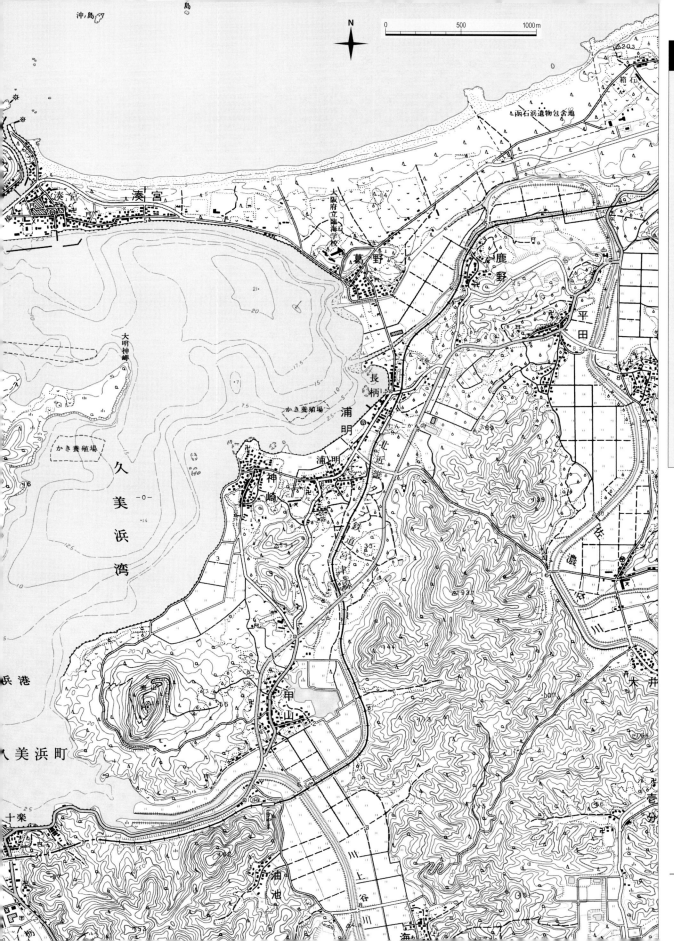

03 京丹後市久美浜町 ～潟湖と砂丘の恩恵を受けて～

04 伊根町 ～伝統的な舟屋群と地すべり地形～

図葉：(上)2万5千分の1地形図「丹後平」平成13年修正測量・「丹後平田」平成13年修正測量, (下)「丹後平田」平成13年修正測量

伊根の舟屋

丹後半島は，日本海に台形状に突き出した半島で，海岸線が，経ヶ岬と新井崎でほぼ90°に曲がっている。この新井崎南に位置するのが舟屋で有名な伊根の集落である（右頁下図）。

写真4a　伊根の舟屋群

丹後半島北岸は海岸段丘が発達し離水海岸の特徴を有するが，東岸は海岸段丘があまり発達せず，海食崖が目立ち平坦な地形はあまりみられない。丹後半島東端の新井崎から南方に突き出した亀島の半島部に囲まれた小さな湾に伊根港がある。伊根港は日本海側の港であるが，湾は南に開けているため，湾内は穏やかで，入口の青島が，天然の防波堤の役割を担い，湾の水深も25mと深くなっている。これらの自然的要因が伊根という港町をつくってきた。

湾内では，古くからブリがよく獲れ，江戸時代には，伊根の有力者は，宮津藩より「鰤株」というブリの漁業権を得ていた。また，鯨が湾内に入ってきたときは村人総出で鯨漁を行ったという。明治から昭和20年代に何度かのブリの大豊漁があり，地域は豊かになると同時に，この地域特有の建築である舟屋が形成されていった。また，1940年には鰤株は伊根浦漁業協同組合に売却され，平等な地域社会が形成されたことも，舟屋形成に大きな影響を与えた。舟屋は切妻造で，海から舟を直接引き入れるために，湾に接した妻面の1階部分は間口全体を開放し，内部に石敷の斜路を設け，船揚場として活用し，2階が居室などに利用されている。このような形態の建造物群は全国的にも珍しく，2005年，伊根の舟屋は「伊根浦伝統的建造物群保存地区」として国の重要伝統的建造物群保存地区のひとつとされるようになった。

なお，この舟屋が一躍全国に知られるようになったのは，1993年のNHK朝の連続テレビドラマ「ええにょぼ」の舞台となり，毎朝挿入歌とともに全国に伊根の舟屋の景観が流されたことも大きい。その後カメラを片手に現地を訪れる観光客も増え，現在湾内を一望できる高台の上に，道の駅「舟屋の里公園」が整備されている。

浦嶋神社と布引滝

伊根から丹後半島北東岸を経ヶ岬方向へ北上すると，筒川沿いの狭い沖積低地を通過する。筒川の河口は狭く，本庄浜の漁村が立地している（右頁上図）。そして，海岸から少し内陸部へすすんだ地点に，「浦嶋神社」が建つ。このあたりには浦島太郎の話のモデ

写真4b　直下から見た布引滝

ルになった浦島伝説が残る。「丹後国風土記」によれば次のようである。筒川村の日下部首の先祖で筒川嶼子（水江浦嶼子）が一匹の亀を釣り上げると，亀は美女に変身し，ともに常世に行き3年間を過ごした。嶼子が村に戻ると実は300年が経過していて，女からもらった玉櫛笥を開けると，嶼子は老人に化してしまったという。

浦嶋神社西方には，落差約100mの布引滝が見える。流紋岩の岸壁をほぼ垂直に流れ落ちている。滝の落ち口から上流側の集水域面積は小さく，かなり平坦な地形が読み取れる。このあたりは地すべり地形が多く，そのひとつである可能性がある。集水域で地すべりが起こったとすると，河川の流路が変更し，いきなり滝が現れた可能性も否定できない。降雨や雪解け水の少ない時期は，水量が少なく滝は涸れることがある。　　　　　　（山脇）

[参考文献] 伊根町HP，山本四郎 1995.『京都府の歴史散歩 下』山川出版社．

04 伊根町 〜伝統的な舟屋群と地すべり地形〜

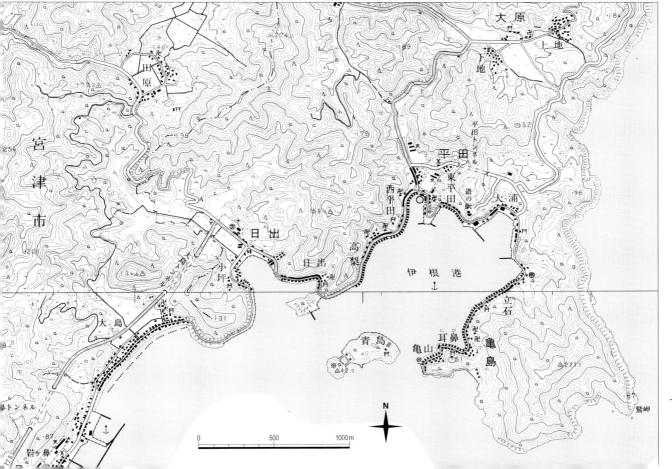

05 宮津市 〜天橋立と二分された市域〜

図葉：2万5千分の1地形図「宮津」平成13年修正測量

天橋立の成り立ち

　日本三景のひとつ「天橋立」は，典型的な砂州地形であるが，砂州とはいうものの，砂のみにより構成されているのではなく，北の江尻や磯清水（後述）付近の海岸等では直径が5cm以上の円礫が主体となっている。磯清水付近の礫には花崗岩が多く含まれる一方，江尻以北の河川上流部には花崗岩地帯がほぼみられないことから，江尻より南西側の山地から運ばれてきた礫が天橋立の主要部を構成していると考えられる。天橋立は，海面下約16mの高さから立ち上がっているので，波の作用を考えると，かつて海面の高さがおよそ-16mと低かった時代に，江尻方向から形成され始め，その後海面が上昇するに従い，文珠方向に成長したと考えられている。

　天橋立は，美しい松並木で有名である。この松並木を育てているのは地表面下にある真水の地下水である。砂州中央の文珠寄り，鳥居の記号の所に「磯清水」と呼ばれる井戸があり（写真5b），水を口に含むと真水であることが分かる。これは淡水よりやや比重が大きい海水が地下の下方に浸入し，淡水が砂州内部にレンズ状に存在するという「ガイベン・ヘルツベルクのレンズ」という現象で説明できる。

宮津の街の発達

　宮津市域は，天橋立をはさんで南側と北側に広がるが，天橋立には遊歩道しか通っていないため，天橋立北側の橋北地域は，実質上飛び地状態となっている。かつて，間に位置する西側の岩滝町との合併も模索されたが，岩滝町側の合意が得られなかった。平成の合併でも岩滝町は，宮津市とは合併せず，加悦町・野田川町と合併し，現在も宮津市は橋北地域と中心市街地の地域に分かれたままとなっている。

　宮津市は，戦国時代に，細川藤孝が宮津城を築城し，江戸時代には城下町として，また西回り航路の寄港地として栄えていた。宮津藩が7.82万石，田辺（舞鶴）藩が3.5万石，峰山藩が1万石であったこと（江戸時代前期）を考えると，宮津が丹後地域の中心地であったことが分かる。宮津城の城郭は，宮津駅北西側の鶴賀にあり，内堀と外堀が取り囲んでいた。現在市役所横を流れる大手川が外堀の一部として利用され，城は海に面して築かれていた。明治時代になり城は取り壊された。大手川沿いの石垣は城郭の跡で，宮津小学校に宮津城南側にあった城門が修復・整備されているが，その他の遺構はほとんどみられない。

　城下町では，海岸部大手川東に城郭，南側に家中屋敷，大手川西側に町人町，西側山麓に寺院が配置された。現在の宮津の市街地の多くが城下町の範囲と重なり，一部の地域では伝統的な町並みも残る。市街地は，大手川沿いの沖積低地にひろがるため，大手川が氾濫すると，浸水被害を受けやすい。また背後の山地は花崗岩類よりなるため，大雨が降ると風化によりマサ化した土砂が土石流により一気に山裾を襲うことが考えられる。　（山脇）

写真5a　文珠側から見た天橋立

写真5b　真水の井戸，磯清水

[参考文献] 小谷聖史 1991．天橋立の発達．1990年度京都高等学校社会科研究会研究報告活動総括，上田正昭他監修 1994．『京都大辞典　府域編』淡交社，山本四郎 1995．『京都府の歴史散歩　下』山川出版社．

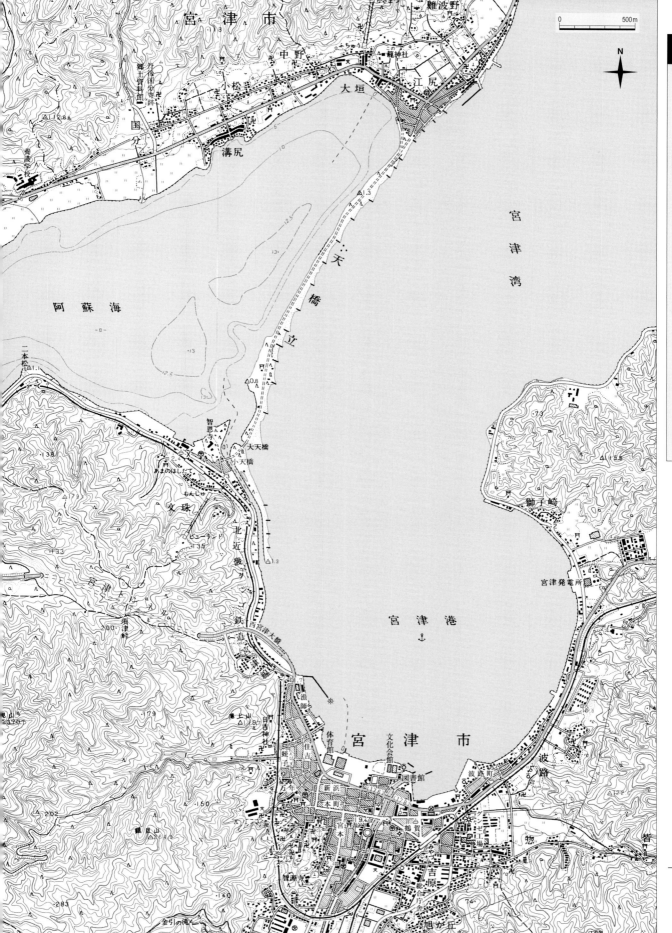

05 宮津市 〜天橋立と二分された市域〜

06 与謝野町岩滝 〜縮緬とニッケル工場〜

図葉：2万5千分の1地形図「四辻」平成29年調製・「宮津」平成13年修正測量

野田川と山田断層がつくる地形

本図東端が，ラグーンの阿蘇海である。阿蘇海は宮津湾と天橋立により隔てられており，波も穏やかである。この阿蘇海に西から注ぎ込むのが野田川である。野田川の河口部は南側と北側に埋立地がみられるが，それらを除外すると阿蘇海に突き出したデルタが発達していることがわかる。

野田川河口部北西側の山地と平野部との境界は，直線的で急斜面（急崖）よりなっている。比高は，200 m前後であるが，石田橋西方の山地には329.5 mの三角点がみられる。この直線的な急斜面は，山田断層がつくった断層崖である。断層崖を刻む谷口には扇状地が発達し，それらが互いに重なり合った合流扇状地を形成しており，大雨の時は土石流が心配される。

本図北西の大宮町三重という地名がみられる狭長な低地は，竹野川（地図表記なし）の上流部にあたる。竹野川は地図内では南流しているが，三重の少し南側で流路を90°西向きに曲げ，狭隘部を経て，さらに90°曲げて北流する。この不自然な流れも山田断層の運動との関係が考えられる。三重の南方には，標高76.2 mの水準点のある風隙地形がみられる。かつて三重からこの谷を南流していた河川が，山田断層の隆起により，流路の変更を余儀なくされたと考えられる。

日本冶金大江山製造所と縮緬産業

野田川の河口にあるのが，日本冶金大江山製造所である。ニッケル鉱石からニッケルを取り出す過程で生成されるフェロニッケルを製造している。原料のニッケル鉱石は，日本から遠く離れたニューカレドニアやインドネシアから運ばれてくる。これらの鉱石は大型の船で現地から運搬されるが，天橋立に阻まれ船が阿蘇海に入れない。そこで，宮津港に停泊し，鉱石は艀に乗せ替えて，天橋立の廻旋橋を通過し，この製造所へ運ばれてくる。

このような不便な地域での工場立地は，大江山の地すべり地形と大いに関係がある（「07 与謝野町加悦」参照）。大江山の北側の地すべり地形の中に，ニッケル鉱床がみつかり，この鉱石からステンレスを製造するため，1942年，野田川の河口に大江山ニッケル工業（翌年，日本冶金に合併）岩滝精錬所（現大江山製造所）が建てられた。大江山鉱山からは鉄道により，鉱石が工場のすぐ横まで運ばれた。鉄道は現在廃止され，その跡が地図中の土地利用の違いから読み取れる。野田川左岸の田の中の細長い荒地記号が見られるところがそれである。

工場は，戦後一時製造を中止していたが，1952年より輸入鉱石を用いて製造を再開した。ここで製造されるフェロニッケルはステンレスの主原料となり，残土は透水性がよいので，アスファルト混和剤やコンクリートの骨材，地盤改良材などとして利用されている。

旧岩滝町は，江戸時代に丹後に広がった縮緬産業の集積地のひとつとして発展した。特に1960年代には生産のピークを迎え，1968年のデータでは町内工場数597のうち，紡績工場数が557を数えるなど，この地域の主要産業のひとつになっていった。1950年代に宮津町と周辺町村の合併構想があったとき，旧岩滝町が宮津市発足に加わらなかった背景には，当時の同町の強い経済力があったといわれている。その後縮緬産業に翳りが生じ，現在は加悦町・野田川町と合併し，与謝野町の一部となっている。また，経済的には宮津よりも京丹後市の峰山とのつながりが深くなっている。　（山脇）

[参考文献] 坂口慶治他 1985. 地方自治体と生活空間――広域合併を進めた宮津市と狭域単独町を堅持した岩滝町の場合. 京都教育大学地理学研究報告 22.

写真6a　積み上げられたニッケル鉱石

写真6b　日本冶金大江山製造所

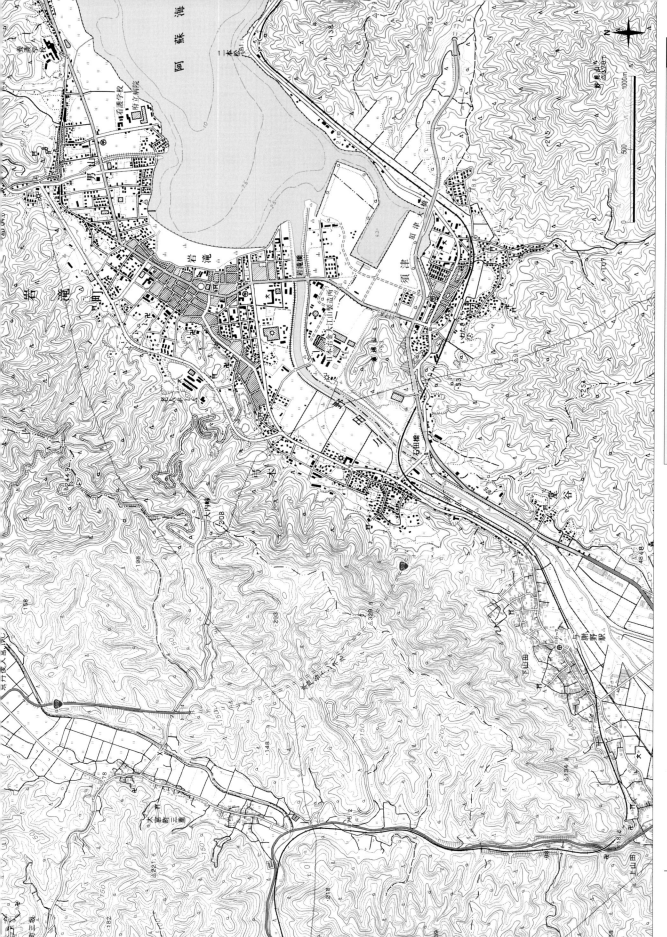

06 与謝野町岩滝 〜縮緬とニッケル工場〜

07 与謝野町加悦(かや) ～地域を支えたニッケル・縮緬(ちりめん)と加悦鉄道～

図葉：2万5千分の1地形図「大江山」平成29年調製

地すべり地形と鉱山

本図中の等高線を見ると、明らかに地域的な差違がある。谷が発達し等高線が密になっている野田川の西側の山地と、等高線の間隔が緩やかであまり谷が発達していない野田川東側の山地である。特に鳩ヶ峰の北西斜面や赤石ヶ岳(あかいしがたけ)の北斜面で顕著である。この違いは、山地を構成する岩石の違いに由来する。

写真7a　大江山の緩斜面と地すべり地形

野田川の谷の東側の大江山や赤石ヶ岳は、超塩基性岩である橄欖岩(かんらんがん)などからなり、その多くは水の影響で変質した蛇紋岩(じゃもんがん)という黒い岩石よりなっている。蛇紋岩は、文字通り、岩石の表面が黒光りして蛇の文様のように見える。蛇紋岩は割れ目が多く水が浸透しやすいため、蛇紋岩からなる地域は谷があまり発達していない。また、風化が進むと粘土化しやすいため、この粘土層がすべり面となり、地すべり地形が発達する(写真7a)。等高線がまばらな緩斜面は地すべりによって形成された地形である。地すべり地形が形成されたのは、地すべり堆積物の間に鳥取県の大山から飛来したと考えられる火山灰が挟まれることから、13万年前より古い可能性が高い。

蛇紋岩の元となる橄欖岩はもともと海底にあったオフィオライトが、沈み込み帯で大陸地殻に衝上し、地表面にあらわれたものである。日本列島の中では珍しい地球内部の岩石で、近畿地方では大江山から兵庫県の出石のあたりにかけての狭い範囲に帯状に分布している。このような地球内部の岩石はニッケルを多く含む。大江山では地すべり堆積物中にニッケル鉱床がみられ、戦前から採掘がすすめられていた。ニッケルは鉄やクロムとの合金であるステンレスの原料で、錆びにくいため現在も様々な用途で用いられている。大江山鉱山は、戦後採掘を休止し、現在、鉱山付近には、採掘土乾燥用の3本の大きな煙突だけが、当時の姿を偲ぶ遺構として残っている(写真7b)が、近年、少量ながら採掘が再開されている。

写真7b　大江山鉱山跡の煙突(道の駅「シルクのまち かや」南東側)

鉄道がつなぐ縮緬とニッケル

地図中北部の野田川沿いには、「自転車専用道路」の文字がみられる。この直線的な道はかつてこの地域の動脈として活躍した「加悦鉄道」の廃線跡である。加悦鉄道は1926年に、「丹後山田」(現与謝野駅)から「加悦」まで開業した私鉄で、当時盛んに生産されていた丹後縮緬の輸送を目的としていた。価格変動の大きい縮緬を迅速に京都などの市場に輸送するため、地元の出資者を募り開業にこぎ着けた。

1934年には、大江山の麓でニッケル鉱山が発見され、1940年、加悦鉄道は「加悦」から「鉱山」まで延伸した。1942年、与謝郡吉津村(現宮津市)・岩滝町(与謝野町岩滝)に専用のニッケル精錬施設が完成し、同年、「丹後山田」～「岩滝精錬工場」間の貨物線が建設された。大江山鉱山で採掘されたニッケル鉱石は鉄道で精錬所へ運ばれ、ステンレスの主原料であるフェロニッケルに加工されるようになった。しかし、1945年のニッケル採掘休止により加悦―大江山間の専用線は撤去され、さらにその後モータリゼーションの流れに抗せず、1985年、「丹後山田」―「加悦」間も廃止となった。　　　(山脇)

[参考文献]　山口恵一郎他編 1973.『日本図誌体系・近畿Ⅱ』朝倉書店．山脇正資 2007. 加悦町の地形．『加悦町史　資料編』第1巻．

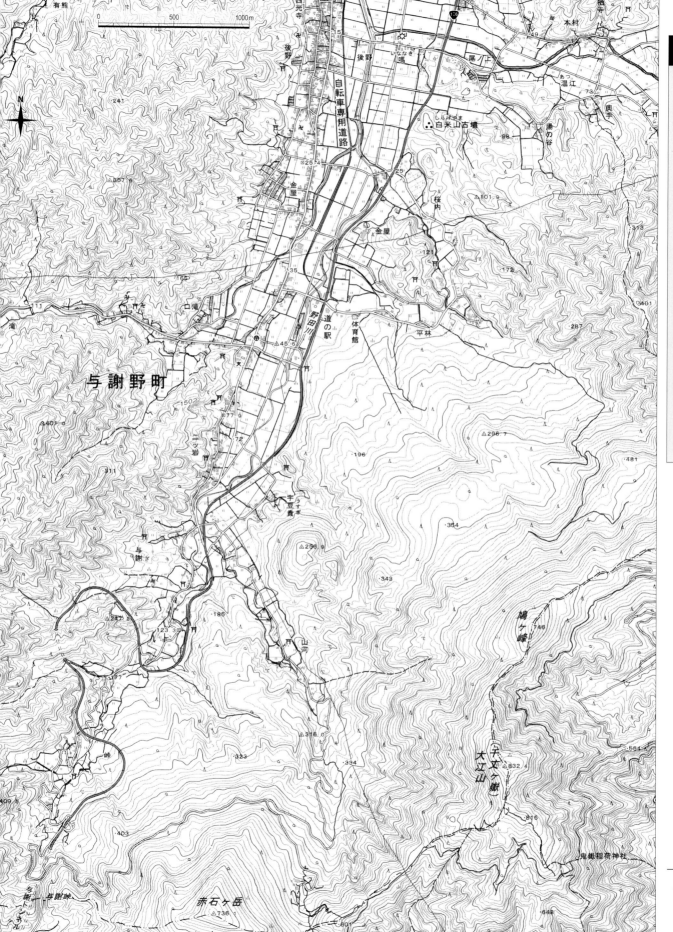

07 与謝野町加悦 〜地域を支えたニッケル・縮緬と加悦鉄道〜

08 舞鶴市（東地区） ～軍港都市から工業都市へ～

図葉：2万5千分の1地形図「東舞鶴」平成18年更新

リアス海岸と軍港建設

　京都府伊根町付近から福井県敦賀市付近に，凹凸の激しい海岸線が続くリアス海岸が形成されている。舞鶴湾はその若狭湾の西部にある。最終氷期に湾は陸化したが縄文海進により谷地形が水没し東地区では与保呂川と溝尻を通る祖母谷川河口に小規模な沖積平野ができた。

　この舞鶴湾に，ロシア南進に備えた日英同盟締結直前の1901年に，海軍の役所である鎮守府が設置された。外波の影響が少なく海底も深く，逆Y字型の形で湾外から隠された湾奥は，日本海側では得難い軍港の好適地となった。当地には，軍港，海軍諸施設，造船を担う海軍工廠，海軍病院（現国立病院機構舞鶴医療センター）ができ，横須賀・呉・佐世保と並ぶ重要な軍事基地となった。

　余部下沿岸の軍港と，寺川下流の西岸から長浜にかけて基地を取り囲む半島地域は海軍用地として買い上げられた。関連して多くの軍人，軍関係者，海軍工廠の工員，その家族が移住することになり，新たな住宅地や商店街等が必要となった。そこで浜・余部上や本図外の余部下に新市街地が建設された。元々東地区の市街地は大部分が田であった。大門通沿いの新市街地は満潮面から海抜2.5尺（1尺≒30cm）を確保するため，3尺から6尺の埋め立てを要した。浜地区だけでも49町歩（約48.5 ha）という広大な土地で，膨大な用土が必要とされた。

写真8　五老岳から見た舞鶴港（東港）

整然とした市街地の形成

　東舞鶴駅の西方約300 mに1940年創立の三笠小学校がある。地名に縁のない校名は，東地区市街の整備と深く関係している。市街地造成の前段は，軍港に通じる主要道路と軍港域に注ぐ河川の付け替え改修工事であった。鎮守府を中心に東西北方向に道路が新設され，北吸から西に通じる道芝隧道も開削された。軍港方向に注いでいた与保呂川は，標高81.1 mの小山（片山）西麓から直線状に替えられた。やや狭小な余部上や北吸には道路に沿って長方形の街割がされた。1902年，平坦な浜地区に長方形の区画をもつ市街地が形成された。東西方向の道路には南から順に三笠・初瀬・朝日等と当時の軍艦名が付けられ，その使用は現在に至っている。昭和時代の児童増加時に，東舞鶴駅付近の三笠通西端に校地が決められたのが三笠小学校である。なお大門通のみは鎮守府東門からの通りを意味して命名されており，現在も国道27号線として主要道路となっている。寺川と与保呂川間は西から一条～九条の通り名が付けられた。地図でみえる大門三条交差点の南の広い道路は，1945年における戦災を減らす家屋疎開の名残である。

　軍港機能の向上とロシア南下に備えるために舞鶴に至る鉄道の敷設は必至の課題となった。そこで尼崎から福知山間まで繋いでいた阪鶴鉄道が，1904年に新舞鶴（現東舞鶴）まで延長され，舞鶴は大阪と繋がれた。その14年後には新舞鶴と軍港の余部に至る中舞鶴線も開通した。現在その廃線跡は自転車専用道路とされている。

軍港からの脱却と遺産の継承

　終戦による海軍の廃止後，軍用地の跡地利用が図られた。鎮守府跡地は海上自衛隊舞鶴地方総監部が使用し，北側の港は自衛隊桟橋，長浜や松ヶ崎の沿岸も海上自衛隊用地となっている。いっぽう，海軍工廠は民間の造船所となり，2002年まで日立造船，2013年までユニバーサル造船，現在はジャパン マリンユナイテッドと名を替え，官民の船舶を造っている。港東方の大波下には地下重油槽があったが，未使用のまま終戦を迎えた。この跡地への工場誘致の結果，日本板硝子が進出し，1952年に操業を開始した。また現在の市役所も，旧軍港地区の海軍軍需部庁舎跡に建てられ，西側には軍需品や兵器等を保管した赤煉瓦造りの倉庫群が遺されている。これらは赤れんがパークとして舞鶴を代表する観光資源になっている。

（岩田）

[参考文献] 舞鶴市 1993.『舞鶴市史 通史編（上）』，同 1978.『同 通史編（中）』，同 1982.『同 通史編（下）』，同 1975.『同 各説編』，舞鶴市教育委員会 2009.『舞鶴へのとびら』.

09 舞鶴市（西地区） ～城下町から港湾都市へ～

図葉：2万5千分の1地形図「西舞鶴」平成13年修正測量

田辺藩城下町の建設とその名残

舞鶴湾はリアス海岸の若狭湾西部にある。東西に分かれた湾内は最終氷期に陸化した後，縄文海進により谷地形が水没した。西地区では伊佐津川と高野川の河口部に，堆積作用により小規模な沖積平野が形成された。

舞鶴の名は，明治維新時の版籍奉還後に，この地の田辺城の別名「舞鶴城」から生まれた。田辺城は16世紀末に織田信長から丹後国を与えられた細川藤孝（幽斎）により築城された。城郭は，伊佐津川と高野川の間の氾濫原に堀や石垣・土居を築き，南に追手門，北西に搦手門が造られた。現在城の跡地には，学校・官公署や西舞鶴駅が立ち並ぶ。

元は城郭南方の伊佐津付近に南から2つの河川が流入する沼地があり，増水時には高野川右岸域が広く遊水池化した。そこで沼への流入を断ち城郭の東を流れ出るよう川を付け替えて伊佐津川とした。城郭南西部の外堀は，現在も裁判所から郵便局方面に流れる大手川として存在し，石垣や石橋に往時の佇まいを残す。この大手川は，上流河川による伏流水を排水する役目も担っていた。

当初の城下町は，北西の搦手門の西側に建設された9町から始まった。細川氏の後入城した京極氏の時代，大手は西側に移り道路が東西6筋になり，9町は本町・丹波町・魚屋町・平野屋町・竹屋町・職人町という名称になった。城は，京極氏の宮津移転時に破却され，その後一部の修復を経て1668年に牧野親成が入城した際に再興された。新たに侍屋敷や町屋への生活用水として，「御水道」という水道が，南の公文名に湧水する「真名井の清水」から伊佐津を経て給水された。いずれも地図には不掲載で読図できない。

なお図外南方の綾部に通じる京街道は，現国道175号線の高野川西2筋目から城下町の外側を南に延びており，沿道には今も袖壁を有する町並みがみられる。

貿易を担う西港

複雑な凹凸形状の海岸により良港の条件を備えた舞鶴では，明治後期から新舞鶴町（東地区）が軍港として整備される一方，舞鶴町（西地区）は商港の役割を担った。1907年には舞鶴港の第一期修築工事が決まり，土砂を流出する伊佐津川の河口部を東に寄せ伊佐津・高野両川尻の浚渫土砂で繋船岸壁が造られた。新岸壁は現漁港の第一ふ頭の原型で，新埋立地は府知事の功績を称え大森町と命名された。軍港への接続と港湾機能の活性化に必要な鉄道は，1904年に福知山経由で大阪と繋がる阪鶴鉄道が新舞鶴まで敷設され，続いて貨物線が新岸壁の西先端まで繋がれ1985年まで舞鶴港線として使用された。

続けて舞鶴町では日本海対岸や国内を結ぶ航路の活発化に努めた結果，港湾の拡大が必要視された。熱心な陳情の結果1932年に国の直轄事業として第二期修築工事が起工された。整備の中核は，高野川河口西側に現第二ふ頭の原型と現第三・第四ふ頭の海岸部を埋め立てで造成し，第二ふ頭の周囲を浚渫するものであった。こうして現在の舞鶴西港の骨格ができていった。

舞鶴港の直近の取扱貨物量は，約1千万トンを超え，2016年度では移出入約57％，輸出入約43％の比率を示す。ただ輸出量は極端に少ない。現在西港と東港には明確な役割分担はなく，ふ頭毎に取扱い貨物に特徴がみられる。結果的に西港は貿易貨物が主で，東港は国内フェリーが主となっている。西港では，中央の第二ふ頭は工業製品の取扱が多く大型の外航クルーズ船も入港する。西側の喜多ふ頭は林産品や鉱産品を扱う。なお本図へは未掲載であるが，五老岳北西麓の乙礁南西側における約17haの埋立地には，外貿コンテナを扱う国際ふ頭が建設され2010年から供用が開始されている。ここは韓国航路・中国航路や日韓露国際フェリー航路の基地として，コンテナの取扱量が年々拡大してきている。　　　（岩田）

写真9　五老岳から見た舞鶴港（西港）

[参考文献] 京都府港湾局 2017.『平成28年 京都舞鶴港港湾統計年報』，舞鶴市 1993.『舞鶴市史 通史編（上）』，同 1975.『同 各説編』，舞鶴市教育委員会 2009.『舞鶴へのとびら』.

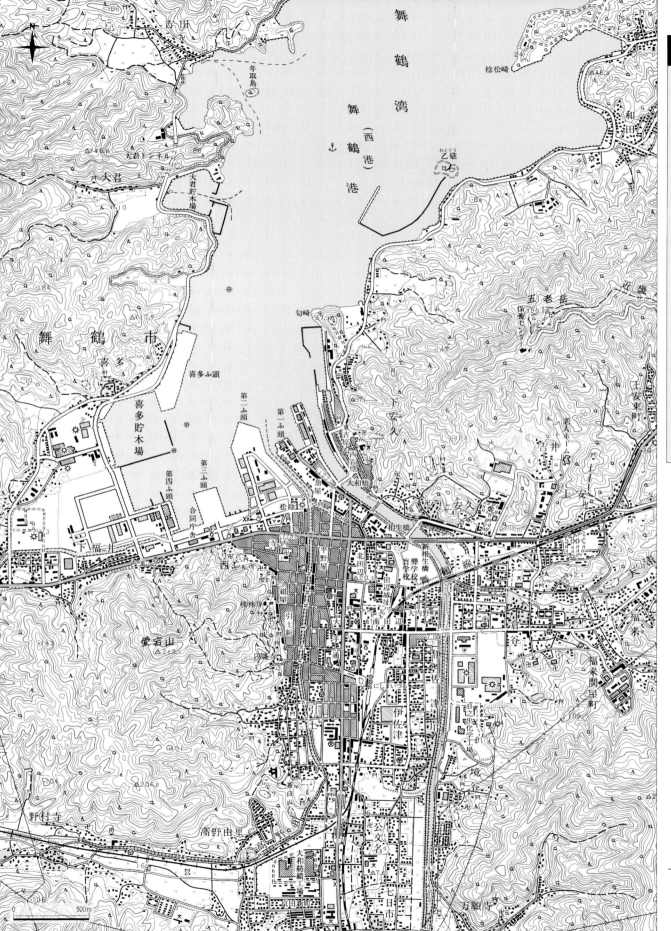

09 舞鶴市（西地区）〜城下町から港湾都市へ〜

10 福知山市（中心部） ～由良川と共に生きる町～

図葉：2万5千分の1地形図「福知山西部」平成28年調製・「福知山東部」平成19年更新

福知山盆地の地形とその形成

　本図の福知山盆地西端では，北折する由良川に土師川が合流し，基盤山地の麓に50〜80mの高位段丘と，その縁辺に低位段丘，さらにその下に氾濫原がみられる。福知山市の中心部はまず低位段丘と氾濫原に発達した。左岸の市役所〜夕陽ヶ丘〜室と右岸の三段池公園付近が高位段丘，左岸の城跡〜駅南町〜篠尾と東側の土師，右岸の猪崎〜中〜池辺付近が低位段丘に当たる。盆地内の地形の形成は「11 福知山市（長田野周辺）」の解説のように過去の由良川・加古川両水系の相克と湖沼化によるところが大きい。なお高位段丘は古い湖沼の堆積面で，低位段丘と氾濫原は現由良川水系に因ると推定されている。

写真10　由良川・土師川合流部に見られる「蛇ヶ端藪(明智藪)」

盆地内での居住と城下町の建設

　盆地内には縄文・弥生や古墳期の遺跡がみられるが，居住景観は現在とは異なる。古代山陰道は，式内社の分布等から本図南の荒木から，その北西方の正明寺に通じていたと推定され，川に近い低地の土師を通る道の存在は，室町時代中期の記録が初出となる。市街地が現在の位置に発展する契機となったのは，天正期の明智光秀による城郭整備の時期であるとされている。

　古い地誌の記載や旧河道跡の存在等から，元々由良川が福知山駅の南側を曲流していたものを現流路に付け替え，低湿な氾濫原を田畑に換える事業が過去に行われたと推定されている。光秀には，城下町建設のための流路変更と築堤，水勢を弱める通称明智藪の整備，寺院石材の石垣への使用，免税による商業振興等の伝承が残る。しかし史料が乏しく，慶長期の有馬豊氏を初めとする歴代の領主の業績をも付会されているようである。

　有馬時代の城下町は，堀と土居に囲まれた惣構で城郭を底辺とする直角三角形状をなし，京街道は北東縁の川沿いを通った。その後は武家地や町屋地域の拡張が少なく，ほぼ原型のまま明治時代を迎えたとされる。図内では駅北東の呉服・下紺屋などが町屋に当たる地域である。

洪水との闘いと地域の中心都市としての発展

　由良川は，長さが約146km，流域が約1880km²ある府内最大級の河川である。中流盆地の氾濫原が広いうえに下流の勾配が緩やかで狭隘部が連続することから盆地内に幾度となく水害が襲来してきた。江戸期の記録では，2.2年に1回の割合での水害発生が判明している。明治以降の水害では1896年，1907年および1953年の被害が突出している。特に1953年には市の約6割の家屋が浸水，約7割以上の田畑が流失・冠水，直近の2014年8月には，市の中心部で約4500棟が冠水した。市内には長年の治水対策を顕彰する治水神社や治水記念館がみられ，国は現在，治水・利水・環境に配慮した改修整備を進めている。

　反面，江戸時代に由良川は水運の大動脈でもあった。福知山の港は，茶・綿・漆・米等を下し，酒・油かす・乾物・材木等を上げる役割を担った。

　福知山の変化は近代以降に著しい。古来から内陸の要衝であり，1890年代には陸軍駐屯地が設置され駅南の段丘上に施設が順次造られた。交通面では，1901年の海軍鎮守府の舞鶴設置構想に伴い京阪神からの中継地としての役割が飛躍的に高まった。鉄道は，1899年に神崎(尼崎)・福知山南口間の阪鶴鉄道が開通，1904年に新舞鶴(東舞鶴)まで接続され福知山駅も建造，1910年には官設の京都線が開通，翌年に兵庫県和田山(朝来市)まで延伸された。その影響で由良川河畔での桑栽培や養蚕業が活発化し，繊維業の中核地としても発展した。大正期の1920・21年には鐘ヶ淵紡績(現クラシエフーズ)や郡是製糸(現配送センター)の工場が進出して賑わった。戦後の1970年代には図東方の長田野に多数の工場が誘致され，市街地には大学の設置も行われた。なお福知山市街の交通混雑緩和のため，1980年代から段丘上を通る福知山道路の整備が行われてきた。　（岩田）

[参考文献] 福知山市 1976．『福知山市史 第一巻』，同 1982．『同 第二巻』，国土交通省近畿地方整備局HP．

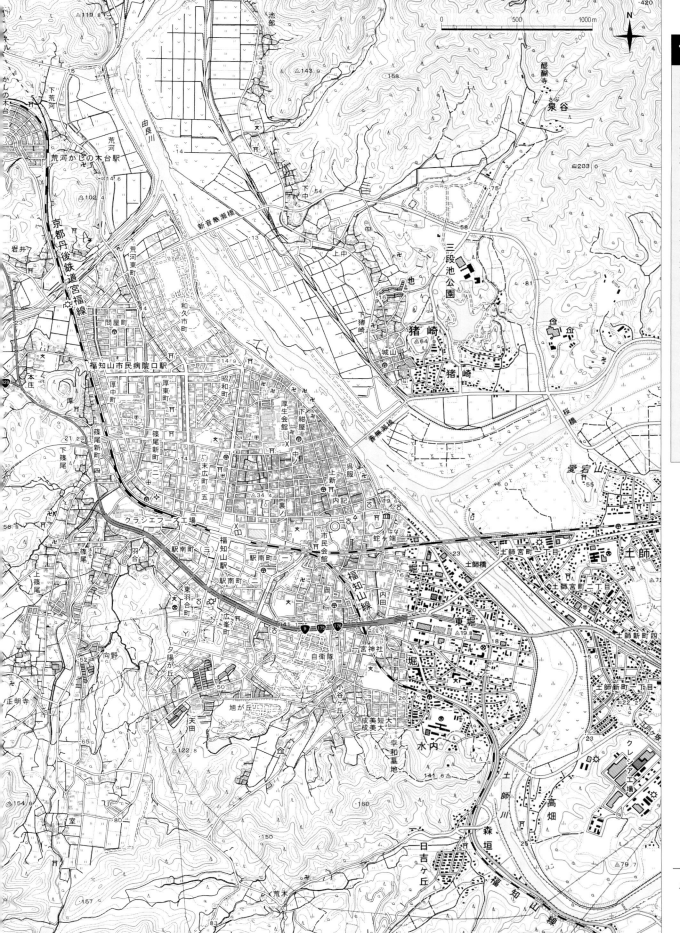

10 福知山市（中心部）〜由良川と共に生きる町〜

11 福知山市（長田野周辺） ～大規模な流路変遷により生まれた長田野台地～

図葉：2万5千分の1地形図「福知山東部」平成19年更新

長田野台地の形成と工業団地の開発

　本図中，南部に広大な工業団地がみられる。「長田野工業団地」である。長田野工業団地は，1970年から1974年にかけて開発がすすめられ，当時，日本最大の内陸工業団地とされた。約400 haの土地に現在，約40の企業の工場が操業している。これらの土地は戦前は陸軍の演習場として利用され，戦後はほぼ荒地の状態であった。

写真11a　長田野台地を上る国道9号線

　長田野台地は東部で台地原面を有し，標高は70～80 m，西部ではやや開析をうけた丘陵上の地形で，標高は約60～70 mである。これだけの広大な平坦地が，ほぼ手つかずの状態であったからこそ，大規模な開発が遂行できた。台地上を歩き回ってみると，いたるところで赤土の露頭を確認することができる。また，礫層も確認できる。土が赤いのは酸化した鉄の影響で，20万年前以前に形成された西日本の台地で多くみられるものである。20万年前は地球の温暖期で，土壌が形成された年月が長いと，土壌表面に残りやすい鉄やアルミニウム以外の成分が雨の影響で流されて，赤い土が形成されたと考えられている。また，礫層中の礫はハンマーでたたくと簡単に割れる。このような礫を「くさり礫」と呼び，赤色土壌とくさり礫という特徴をもつ，20万年以上前に形成された台地は，「高位段丘」と呼んでいる。

　由良川は現在，長田野台地の北側の低地を東から西向きに流れ，福知山市街を抜けたあたりで北流するようになる。福知山盆地から下流側は，河谷平野の幅は極端に狭く，そのまま日本海に注いでいる。図中南端にみられる由良川の支流，土師川から，さらにその支流の竹田川を上流に遡っていくと，府県境を越え，兵庫県の氷上町石生（本図外）付近に辿り着く。石生付近は幅の広い谷底平野で，そこに日本海に注ぐ由良川と瀬戸内海に注ぐ加古川の分水界がある。長田野台地と同等の平坦面は，由良川下流域ではみられず，竹田川沿いで断続的にみられ，最終的には石生の沖積層の下に埋没している。このことより，由良川が，かつて長田野から南向きに流れ，加古川水系とつながっていたものが，福知山盆地の相対的な沈降により，盆地全体が湖沼になり，その後北側に溢れ，現由良川水系を形成するようになったことが指摘された。長田野はその際形成された台地とされている。

　長田野工業団地付近を通る国道9号線は4車線道路として整備されている。さらに，1987年から2014年にかけて順次開通した舞鶴・若狭自動車道により，舞鶴などの日本海側の港湾都市や阪神の港湾都市とつながり，交通の利便性が高まっている。

由良川沿いの土地利用

　長田野台地の北側ではJR沿いおよび北側の山地の麓で集落や新しい住宅地が形成されているが，由良川沿いには，自然堤防上にある戸田集落以外に大きな集落は見られない。由良川沿いには自然堤防が発達し，多くが桑畑として利用されていたが，現在は畑・茶畑となっており，観光農園もみられる。由良川は福知山盆地よりも下流側の谷底平野の幅が狭く，由良川中・下流ではしばしば洪水による田畑や集落の冠水がみられる。JR沿いの住宅地は，多くが明瞭な段丘崖によって境される低位段丘上にあり，冠水の可能性は低い地域である。　（山脇）

写真11b　低位段丘面上にのる住宅地

[参考文献] 岡田篤正・高橋健一 1969. 由良川の大規模な流路変更. 地学雑誌78(1).

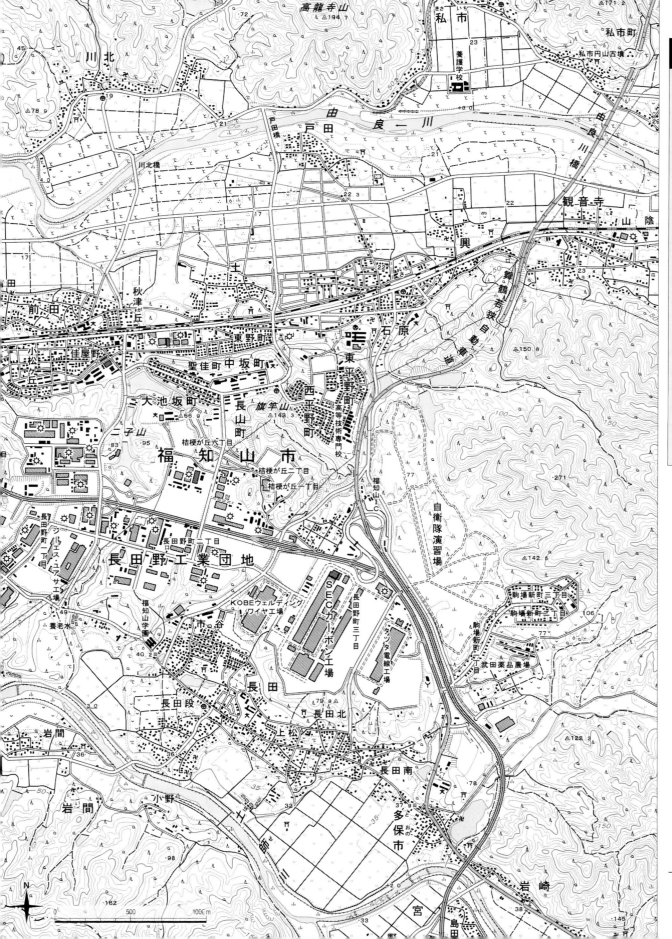

11 福知山市（長田野周辺）〜大規模な流路変遷により生まれた長田野台地〜

12 舞鶴市志高・福知山市大江町 ～由良川とどうつきあってきたか～

図葉：(上) 2万5千分の1地形図「内宮」平成22年更新・「西舞鶴」平成13年修正測量，(下)「河守」平成15年更新

洪水の多い河川，由良川

2枚の地図中ともに，中央に大きな由良川が北流している。由良川は，近畿地方の中でも有数の流域面積（1880km²）をもつ河川で，幹川の長さだけでみると，新宮川に次いで近畿地方では2番目の河川である。

由良川は洪水の頻発する河川として知られる。近年では，2004年10月の台風23号による洪水で，観光バスが水没し，乗客全員がバスの屋根にのぼり大雨の中一夜を明かし，全員無事であったことが記憶に残る。右頁上図の志高付近の直線道路がその現場である。なお，志高付近には，長池と地元で呼ばれている自然堤防中の河跡湖があり，河道を溢れた水がこの長池を通って，後背湿地に流れ込んだことが指摘されている。

由良川で洪水が多いのは，流域面積が大きい割に，特に福知山盆地より下流側における氾濫原の幅が狭く，河床勾配も緩やかで，ちょうど漏斗状の地形となっているからである。下流部の狭長な氾濫原は，幅約300～500mで，福知山盆地を過ぎたあたりから河口までの約33kmにわたって続く。この間の標高差はわずかに10m程度である。この由良川下流部の地域では，氾濫原が極端に狭い部分とやや広い部分があり，何か所かのくびれた部分で，増水時に水が集中する。増水した河川は，自然堤防の高さを超え，自然堤防を含む河谷部全体が冠水する場合がある。これだけ洪水で河川が氾濫するのに，人工的な堤防はあまり整備されていない。これは，氾濫原の幅が狭く堤防を建設してもその分耕地が削られるため，建設費に見合った効果が期待されず，流量が1000m³/Sを超えると自然と河道から溢れるようになっ

ていたためである。

由良川とともに生きる知恵

現在の由良川下流部では，過去の洪水で大きな被害を受け，これを後世に伝えるため過去の洪水位を表す水位標が各地に建てられている（写真12a）。これだけ水位が上昇すると，自然堤防でさえ，数m水没させてしまうことがある。他の河川でしばしばみられるような，洪水時に自然堤防上のみ冠水しないという景観は，この地域での大規模な洪水時にはみられないということになる。

由良川の自然堤防は，近年は桑畑から畑や茶畑の利用に変わってきている。由良川沿いの集落は，段丘面上や山沿いに建てられる場合が多く，自然堤防上の集落はほとんどみられない。右頁下図中，金屋や波美の集落は中位段丘上にのり，増水時でも浸水することはほぼない。

写真12b　新堤防上から見たバス水没地点（志高）

2004年の水害の後，ようやく由良川下流部でも堤防が造られるようになってきた。従来からみられた自然堤防の景観も失われつつある（写真12b）。地図中には，片側だけが土の崖の記号がみられるが，これは，河道と沖積面，沖積面と段丘面の間の崖地形である。両側に土の崖の記号がみられるのが堤防を示すが，まだ本図中には新しい堤防の記号は記載されていない。由良川本流からの水害とは別に，支流からの排水不良による内水災害をどう防ぐかが課題である。　　　　　　　　　　（山脇）

[参考文献] 籠瀬良明 1962. 京都府由良川下流谷平野──地形・洪水・集落移転及び土地利用──. 横浜市立大学紀要 Ser. A-29, 小橋拓司 2013. 台風による河川氾濫. 『防災教育のすすめ』古今書院.

写真12a　由良川沿いの水位標（志高）

12 舞鶴市志高・福知山市大江町 〜由良川とどうつきあってきたか〜

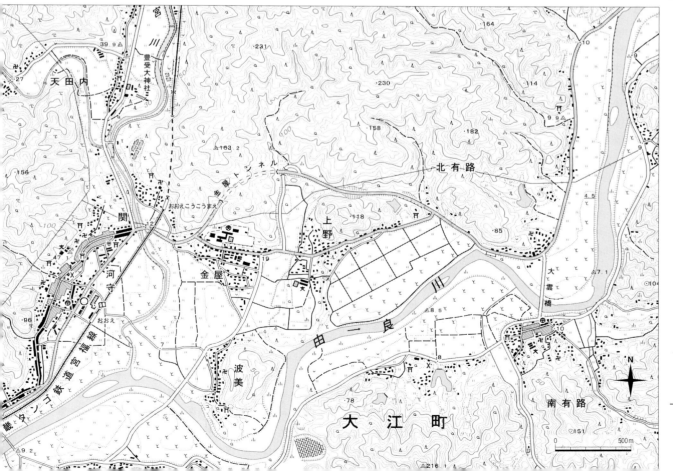

13 福知山市夜久野町 〜京都で唯一の火山がもたらす恩恵〜

図葉：2万5千分の1地形図「直見」平成19年更新・「矢名瀬」平成26年調製

京都府で唯一の火山

　本図中，南東部の高内の西方では，牧川のつくる低地と夜久野高原の間には40〜50mの比高をもつ明瞭な崖地形がみられる。JR山陰線は，主にこの崖下を崖に沿って走り，国道9号線は崖を一気に上り崖上の平坦面を通っている。この崖と平坦面からなる地形は，河岸段丘のようにも見えるが，実は京都府で唯一の火山がつくった溶岩台地と呼ばれる地形で，東西約4.3km，南北約2.3kmの広がりをもつ。

　夜久野町を流れる牧川およびその支流は，この溶岩台地よりも低い沖積低地上を流れている。低地の標高は，台地東部の夜久野町高内で，牧川横を通る国道9号線沿いの水準点の数字が104.3mが示すのに対し，高原上では兵庫県側に214.1mの三角点があり，高原と低地との間には100m以上の高度差があることが読み取れる。

　火山とは，噴火活動等によって生じた特徴的な内部構造をもつ地形をいう。古い時代の噴火活動によって形成された火山地形は，その後の侵食や地殻運動により，本来の地形から大きく変化しているため，火山と呼ばれることは少ない。したがって，火山とは一般に新生代第四紀に噴火し特有の地形をもつものに用いられる場合が多い。なお，この夜久野の火山は，歴史時代に噴火したものではない。

写真13a　夜久野町小倉の柱状節理

　溶岩台地上には府内では唯一の火山である標高349.7mの宝山（田倉山）が聳えている。今から38〜30数万年前の噴火により形成されたスコリア丘（火砕丘）とされる。円錐形の火山であるが，南側の山腹には侵食による谷地形がみられる。また，玄武岩質の溶岩により形成された台地が，夜久野高原である。夜久野高原では，火山活動時の溶岩が冷えてゆっくりと固まった際に形成される柱状節理がみられる（写真13a）。溶岩の流出は三度あり，古い時代のものから「小倉溶岩」，「衣摺溶岩」，「田倉山溶岩」と呼ばれている。台地上に宝山がのるため，宝山そのものは三度目の噴火時に形成されたものであることがわかる。写真13aは，小倉地区南の玄武岩公園のものである。この溶岩は初めの「小倉溶岩」のものである。

高原での農業

　玄武岩よりなる夜久野高原は，台地上に位置し，水はけが良いため，水田には利用されず，主に畑や果樹園として利用されている。一時期揚水ポンプによる灌漑で，水田化が行われかけたが，費用がかさむなどの課題が多く，短命に終わった。

写真13b　夜久野高原での畑作と宝山

　台地の表面の土は一般に腐植含量の多い「黒ボク土」と呼ばれる火山性の土壌である。黒ボク土は，作物の生産には向かないとされてきたが，戦後，多量のリン酸を施用し土壌改良することにより畑作地として利用されるようになった。

　現在，夜久野高原では，特産のクリ，ブドウ，スイカの栽培のほか，豆類や京野菜なども栽培されている。昭和40年代頃，スイカは「夜久野西瓜」の名称でブランド品として京阪神に出荷されていた。地図中でも，果樹園や畑の記号が読み取れる。
　　　　　　　　　　　　　　　　　　　　　　　（山脇）

[参考文献] 小滝篤夫2004. 近畿北部，田倉山（宝山）火山のスコリア丘の層序と溶岩台地の基盤形態について，地球科学 58(1)．
夜久野町史編集委員会2005.『夜久野町史第一巻』夜久野町．

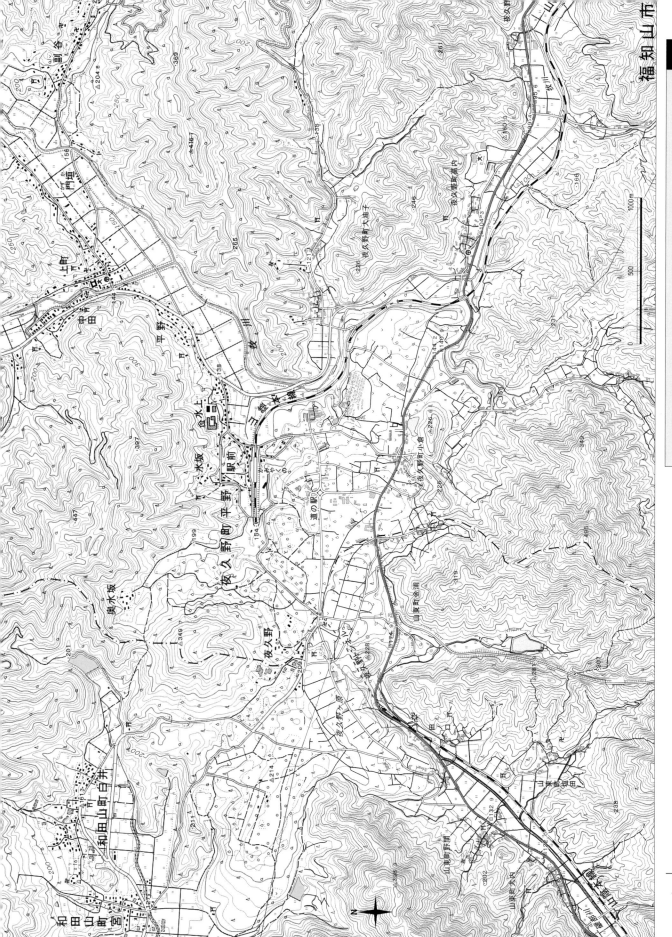

13 福知山市夜久野町 ～京都で唯一の火山がもたらす恩恵～

14 綾部市 〜陣屋町からグンゼの町へ〜

図葉：2万5千分の1地形図「福知山東部」平成19年更新・「綾部」平成22年更新

盆地内の地形と生活の舞台

　本図は綾部盆地の中心部で福知山盆地の東部に当たる。北と南には中・古生界からなる標高約250mの山地がみられ，その間を由良川が西流している。右岸の味方町とその北東に広がる台地や八田川右岸で開析が進んだ複数の丘陵部は標高70〜80mの定高性を示し高位段丘面に相当する。いずれも福知山盆地の長田野台地と同時期のものであると推定され，未凝固の堆積物で造成しやすく畑地・茶畑や住宅地さらに工業団地として利用されている。市街地南の綾部小学校や西の綾部中学校がある台地は標高約50mの中位段丘で，本図右岸部の多田町や里町の集落は低位段丘にある。これらを含む福知山盆地の地形の形成は「11 福知山（長田野周辺）」の解説のように，湖の形成や河川の争奪など複雑な経緯をたどっている。

写真14a　味方町から見た綾部市中心街

緩斜面上にできた市街地

　綾部市の市街地は現河川の氾濫によってできた沖積平野上に発展している。由良川が90度の角度で西に曲がることで内側に緩斜面ができ，市街地はその上に発達した。並松町の40m標高点から図書館前に向かうのが本町通で，後述する綾部陣屋町の中心街路であった。本町通を直行する道路を北に行くと緩やかな斜面で低い段差が連続する。同様の段差はJR線を越えて由良川堤防に至るまで続き低くなる。白瀬橋から位田橋間の左岸で田に利用されている地域は，由良川の後背湿地で旧河道跡が見られる。堤防によって守られている左岸堤内地の道路沿いに桑畑が読図できるが，現在は貸農園に替わっており土地利用から自然堤防の典型的景観は観察しにくい。

　本図域の自然災害についてみれば，綾部市のハザードマップでは位田橋左岸の耕地が最も浸水想定深が大きい地域となっている。また，市街地の背後になる四尾山の北側と南側は宅地に斜面地が迫っていることから，土砂災害警戒区域の表示が目立っている。

写真14b　氾濫原にあるグンゼの建物（大正時代）

陣屋町の展開と新しい開発

　盆地内の歴史では，縄文時代の石器が発見された味方町の笠原神社や，国史跡に指定された多田町の聖塚・菖蒲塚古墳が注目される。中世では井倉町の字名に地頭屋敷の名残がみられる。綾部陣屋町の始まりは，1634年に九鬼隆季が2万石を封ぜられたことによる。陣屋は現綾部高校東校舎付近にあったが火災にあい，上野町の現綾部小学校の東側付近に移った。その西方標高201mの藤山との間に武家屋敷が，小学校西側の急坂に大手門が造られた。以下は地図表記にはないが，坂下に当たる田町や本町，その西の西町が町屋の中心となった。今も当時を偲ばせる伝統的家屋が散見できる。なお現在，陣屋跡付近には1892年に開教した大本の本部がある。

　その後市街地は陣屋町の外側に広がり，明治時代の1896年に北部の氾濫原にグンゼが操業を開始し，綾部本社として今に至っている。グンゼの名は創業時の郡是製絲株式會社に由来し，創業地何鹿郡（現綾部市）の養蚕と製糸業を郡を挙げて振興する意味を表している。また市街地周辺では，由良川右岸部の段丘上に工業団地が，標高120mの山地造成部には桜が丘という名称の新しい住宅地が造られている。

（岩田）

[参考文献] 綾部市 1976. 『綾部市史 上巻』，山本四郎 1995. 『新版 京都府の歴史散歩 下』山川出版社．

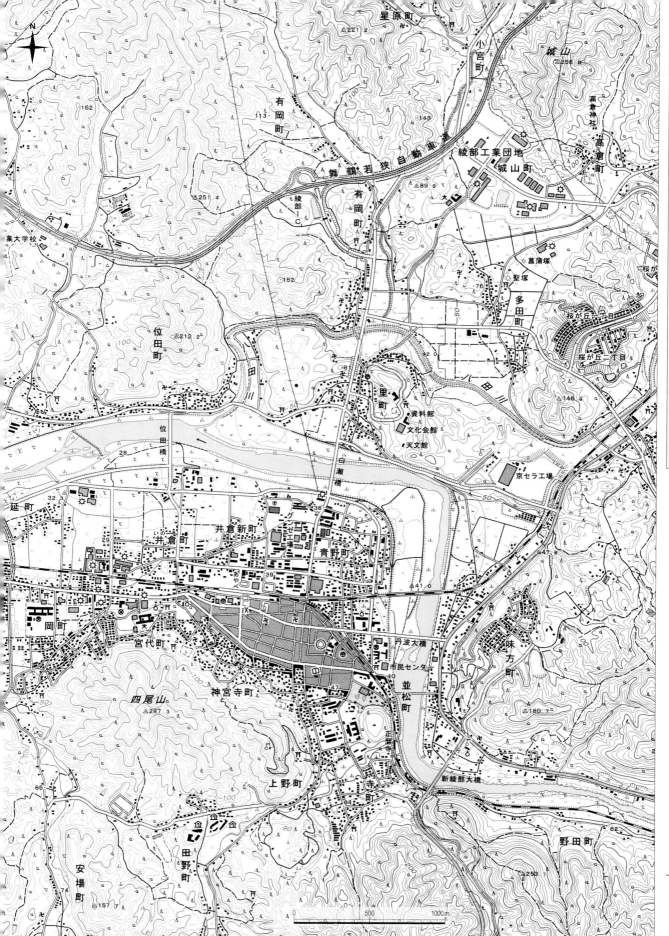

14 綾部市 〜陣屋町からグンゼの町へ〜

15 京丹波町須知 〜人・物の中継地から蒲生野の開発へ〜

図葉：2万5千分の1地形図「胡麻」平成19年更新・「園部」平成27年調製

物資の集散地から内陸交通の結節点へ

　京丹波町の中心地須知盆地は、隆起準平原の丹波山地の中央部に位置する。江戸時代には山陰街道が園部盆地から観音峠を越えて入り、須知から西方の土師川の谷筋を経て福知山盆地に延びていた。須知には本陣・脇本陣や問屋が軒を並べ宿場町が形成された。1899年に京都—園部間の鉄道が建設されると、園部からの山陰街道が整備されていた須知は、観音峠以西の旅客と物資の中継地となり繁栄した。京都方面へは松茸・茶・生糸・薪炭等が移出され、石油・肥料・衣料品等が移入された。現在も旧道沿いに宿場町の雰囲気が残る。しかし、1910年に園部—綾部間の鉄道が約6km北方の高屋川下流の下山付近を通過したことで、急速に衰退することになった。

　1935年の観音峠隧道の開通、戦後の京都交通バスによる京都—舞鶴間直行バスの運行、9号線の一級国道指定などにより、須知は内陸交通の要衝として再登場した。他方、明治以降京都・舞鶴間の車道が部分的に整備されてきたが、1952年に須知町と舞鶴市を結ぶ道路が国道27号線に認定された。結果、蒲生は各地を結ぶ主要路の合流点となり、旅客の休憩地としての役割が高まった。さらに1996年には京都縦貫自動車道の丹波ICの供用が始まり、京都と丹波とが短時間で結ばれるようになった。

　本図域内でも、1970年代以降に材料確保や運送の便を活かして立地した複数の食品工場がみられる。1979年には盆地西部に丹波産ぶどうを使用した「丹波ワイン」が操業、国道27号線沿いには2社の食品工場が1986・91年と進出し、その後も事業拡大を行っている。

変化する蒲生野の利用

　盆地内の西方の中台から東方の蒲生一体には標高170〜180mの蒲生野と呼ばれる高位段丘が広がる。これは福知山盆地の70m前後の高位段丘と対比されるもので、分布は現水系の方向とは関係が薄く、周囲の地盤変動による隆起や増傾斜の影響を受けたものである。

　須知盆地の中心部を示す本図の北西部分には、由良川支流の高屋川が東流している。高屋川には南西から曽根川が、南から須知川が合流し、それら現河川の沖積平野は田に利用されている。

　蒲生野は長く原野であったが、1876年に京都府がアメリカ人ジェームズ・オースティン・ウィードを教師に招き、現須知高校や現丹波自然運動公園北部の辺りに、京都府農牧学校を設立して農牧業開発に乗り出した。しかし欧米式大農法の成果が出にくいこと、外国の言語や風俗の受容が進まなかったこと、西南戦争後の経済の悪化が直撃したことなどが原因となり、3年で学校は閉鎖された。しかし当地は札幌農学校や駒場農学校に並ぶいわば日本農業教育三大発祥地のひとつであり、その開拓精神や校地・教材等は現在に至るまで引き継がれてきている。なお地図上に表記はないが、山陰道の182.3m水準点の約100m北西部には、学校跡を示す記念碑と正門前の濠跡がみられる。

写真15　271.4m地点(花崗山)からの展望(北方向)

　他の土地利用をみれば、蒲生の北に京都須知競馬場が大正時代に、曽根・院内には私設飛行場が昭和初めに造られたが、いずれも短命に終わった。1944年には蒲生野の北端部に舞鶴海軍部隊の野外演習場が開設された。当地は終戦後に京都学芸大学の高原分教場、その後は京都大学農学部と所管が替わり、同学部附属牧場として現在に至っている。また曽根と蒲生の間に広がる段丘部には、1970年に京都府開庁100年を記念して丹波自然運動公園が開園された。

　須知盆地を流れる河川は流域が小さく、産業開発には水の確保に不利な条件があった。そこで本図外北方に水源となる畑川ダムが2012年に建設され、現在は税制面等の優遇策も講じられ企業立地の促進が図られている。

（岩田）

[参考文献] 丹波町 1985．『丹波町誌』．吉田證編 1978．『丹波路』日本科学社．

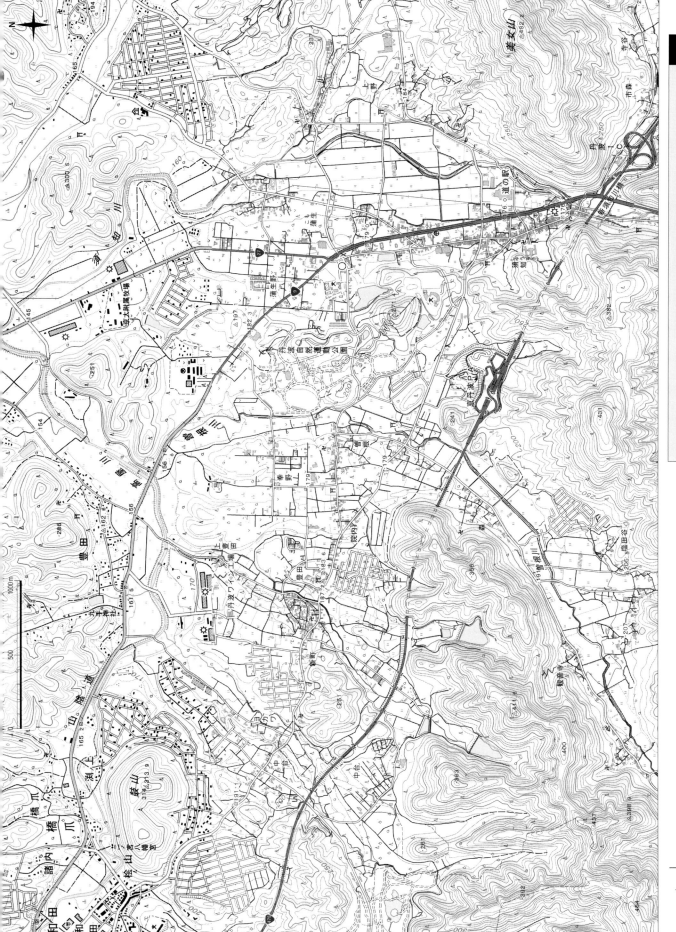

15 京丹波町須知 〜人・物の中継地から蒲生野の開発へ〜

16 京丹波町和知・南丹市日吉町胡麻 〜内陸部にみられる川の造形〜

図葉：(上) 2万5千分の1地形図「和知」平成15年更新，(下)「胡麻」平成19年更新

河岸段丘が発達する和知

　右頁上図中，東から西に流れる河川は由良川である。由良川が山間の峡谷部を抜け，和知周辺部まで達すると，見事な段丘地形が多く見られるようになる。河岸段丘は，気候の変化や海水準の変動，地盤運動などにより形成される階段状の地形である。近畿地方でみられる段丘は，通常，高位段丘・中位段丘・低位段丘に分類される。

　和知周辺で最も広く連続してみられるのが中位段丘である。「道の駅」南側の崖上に広がる比較的広い緩斜面が中

写真16a　和知の河岸段丘

位段丘で，JR線はこの中位段丘崖上の縁を沿うように通っている。和知駅背後の崖上の平坦面も中位段丘で，駅前の郵便局がのる平坦面や「道の駅」がのる平坦面は低位段丘である。また図幅東側の大倉の神社の記号がみられる平坦面が高位段丘である。それぞれの段丘の中にも段丘崖で細分できる所も多い。このうち，中位段丘は主として約13万年前の地球が温暖であった時期に形成された面であり，低位段丘は主に約2万年前の寒冷期等に形成された平坦面である。国道やJR線は，これら段丘面を巧みに利用している。段丘は本来，砂礫質で田には向かないが，和知周辺では田として利用されているところが多い。また，段丘面上は洪水時でも冠水の怖れがないことから居住空間として利用されている。

谷中分水界，胡麻

　右頁下図中央付近は，大きな河川は存在しないにもかかわらず，谷中の平野の幅は広く，胡麻高原とも呼ばれている地域である。この高原面を東南東から西北西方向に向けてJR線が通っている。丹後と京都をつなぐ主要交通路である国道9号線や京都縦貫自動車道路は，丹波の中心地である園部から蒲生野を抜けて西に向かうが，JR山陰本線は，園部から殿田を経由して桂川支流の胡麻川沿いに胡麻の幅広い谷に入る。JR胡麻駅付近の標高は約190mで，そこから高位段丘の広野・新町の

写真16b　広野の「水分の路」看板

平坦面を掘割で通り抜ける。高位段丘面は胡麻の幅広い谷一杯にひろがり，段丘面上の三角点は205.3mの標高を示し，果樹園や畑に利用されている所が多い。新町の平坦面を抜けると，JR線は，高位段丘面を深く侵食し後野から西へ流れる由良川支流郷畑川の流域に入る。ちょうど胡麻高原が日本海側と太平洋側の分水界ということになる。

　胡麻のような，谷中に分水界がみられる地形を谷中分水界という。これは，現在丹波高原を西流し，下図外南東方の殿田で南向きに流れを変え亀岡盆地へ流れる桂川が，かつて亀岡盆地の方向には向かわずそのまま西流し，殿田から胡麻を抜けて，由良川と合流していたことを示している。このような地形は，①本図外になるが，殿田・天若湖に殿田断層，さらに南方には亀岡断層が通っており，北上がりの断層運動の影響で，南側との傾斜が増し，亀岡盆地側からの侵食力が増大して，西流していた旧桂川が争奪された，②その結果西向きの旧胡麻川の上流域が急減し流量が減少し，後野を流れる畑郷川の扇状地が西流していた旧胡麻川の流路を閉塞し，湖沼環境が出現した，③その後，旧胡麻川は侵食力の増した桂川に争奪され，形成されたことが推測されている。

　現在，205.3mを示す三角点の近くを通る南北の2車線道路付近が分水界で，広野の丁字道路交差点と新町北方の221mの標高点のある交差点に「水分の路」の看板が立てられている。

　JR胡麻駅南側には，環流丘陵の丸山が目立つ。現在の胡麻川はこのような環流丘陵を侵食する流量はなく，河川争奪が起こる前に，東から西に流れていた旧桂川が形成したものと考えられる。　　　　　　　（山脇）

[参考文献] 植村善博 2001.『比較変動地形論——プレー境界の地形と第四紀地殻変動——』古今書院，山内一彦 2002. 丹波高地西部，大堰川・由良川上流部における河川争奪とその原因，立命館地理学 14.

16 京丹波町和知・南丹市日吉町胡麻 〜内陸部にみられる川の造形〜

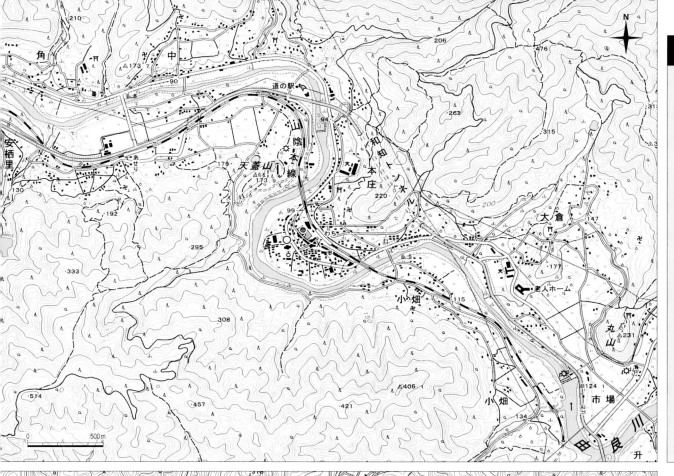

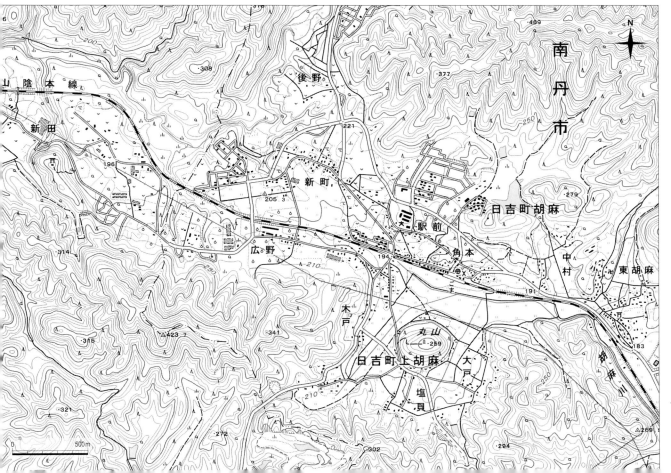

17 南丹市園部町 ～京都市との繋がりと口丹波の中心地～

図葉：2万5千分の1地形図「園部」平成27年調製

城下町の建設とその名残

　園部盆地は「口丹地域」の北西端，天気予報の区分でも京都府南部の北端に当たる。園部の中心部には大堰川の支流園部川が東流し，南から本梅川と半田川が合流する。約40万年以前には大堰川は北西の由良川に合流していたが現水系に反転し，その後園部盆地が形成された。市街を見下ろす天神山の西側の高台は低位段丘，盆地内部は標高120～130mの沖積平野となっている。

　盆地を流れ出る園部川の天神山北東部分は狭く，集中豪雨時には盆地内で溢流し洪水被害が頻発した。旧園部町関係では，1896年～2004年の間に21回もの水害がみられ家屋や田畑，橋や堤防に甚大な被害を被っている。

　江戸時代の1619年，この地に小出吉親（意閑）が2.7万石の藩主として入り，天守の無い陣屋と城下町を築いた。陣屋は現小桜町の小麦山南東側にある段丘上に建設された。記録にはみられないが，その際に園部川を北側に湾曲させたとされる。今も「意閑堤」という比高0.8～1.0mの凸型状の道路が護岸堤の内側に連続しており，市街側への溢流を防ぐ役割を果たしている。また，地図表記にはないが，元の流路付近に下河原など川に因む旧小字名が残る。陣屋の北には，宮町・上本町・本町・新町が，南には裏町（若松町）・大村町（城南町）が作られた。陣屋の北門の前に宮町の道筋が延び，札之辻で京都―周防国を結ぶ山陰街道と交差した。札之辻東側の本町は本陣や脇本陣が置かれた町の中心であった。旧街道に沿う上本町から新町にかけては，今も短冊状の屋敷地と古い町並みがみられる。

日本最後の城郭建築と跡地利用

　現在みられる園部城は，明治時代初めの1869年に完成したもので日本最後の城郭建築物である。築城の願いは当初からあったが，大政奉還後に園部の戦略的位置を考慮した新政府から許可され，本丸と小麦山山頂に櫓門3か所と櫓5基が新築された。しかし2年後の廃藩置県で園部県に替わり，その翌年には現存する櫓門，番所，巽櫓以外の建物は移築ないし破却されてしまった。

　城地はその後教育の場と変貌した。1897年には船井郡立小学校ができ，その後郡立高等女学校，府立園部高等女学校，府立園部中学校と替わり，1948年に府立園部高等学校となった。櫓門が今も高校の校門となっている。隣接地には市役所や城を模した国際交流会館等の建物もみられる。

写真17　天満宮側から見た西方の段丘と園部城跡

交通網の整備と地域の中心機能の発揮

　古代の山陰道は，本図外南方に当たる本梅川上流部の盆地を通過していたが，近世の山陰街道は本図を横断する現国道9号線に沿って整備された。亀岡から園部に入り，北西の観音峠を経て須知に至り福知山方面に伸びる道で，京街道とも呼ばれた。

　園部は京都市内との交通路の整備が課題であった。1899年に京都駅―園部駅間35.2kmの京都鉄道が開通し，その11年後に綾部まで延伸した。現在京都―園部間は嵯峨野線と呼ばれ，複線電化されて京都まで43分で結ぶ通勤圏を形成している。旧街道を通る旧国道9号線の道路幅は狭く，園部市街で渋滞や商家の損壊を引き起こした。そこで1959年に市街を避けて天神山北山麓の新道に移設され，中丹に通じる大動脈になった。さらに1996年には，京都縦貫自動車道の園部インターチェンジの供用が開始され，30分余りで京都市内と結ばれるようになった。

　京都との時間距離が短縮された園部には，駅や城跡の近辺に，複数の大学等の高等教育機関が立地するとともに，地方裁判所・簡易裁判所，地方検察庁，税務署，労働基準監督署など司法・行政関係機関の建物や地方振興局，教育委員会など京都府所管の事務所があり，口丹地域における行政や教育等の中核機能を担っている。

（岩田）

[参考文献] 園部町 2005.『園部町史通史編 図説・園部の歴史』，山本四郎 1995.『新版 京都府の歴史散歩 下』山川出版社．

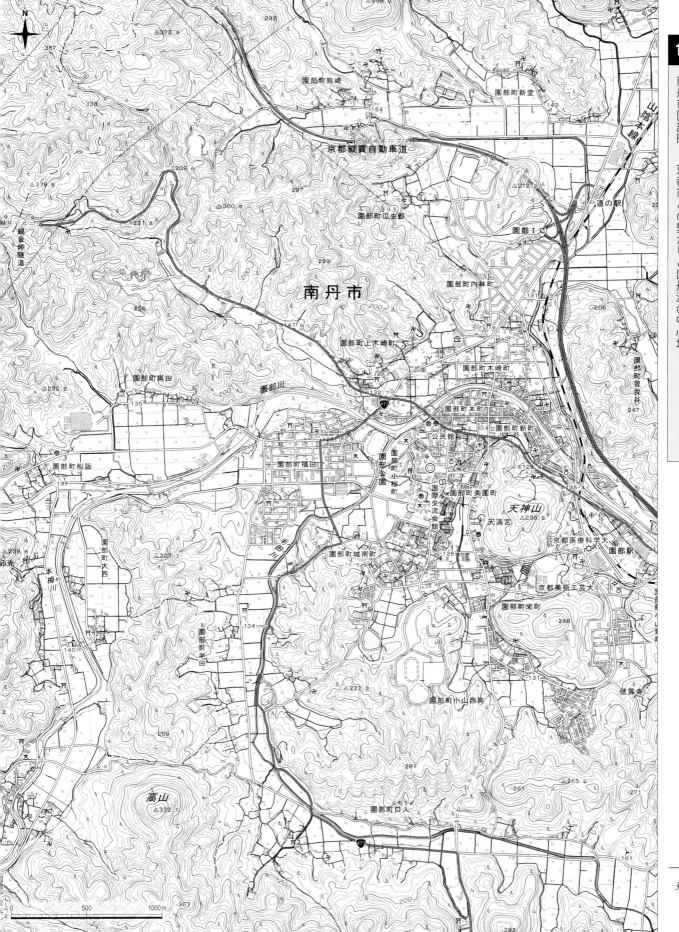

17 南丹市園部町 〜京都市との繋がりと口丹波の中心地〜

18 亀岡市 〜京都市に隣接する丹波の入口〜

図葉：2万5千分の1地形図「亀岡」平成23年更新・「法貴」平成23年更新

盆地の成り立ちと生活の舞台

亀岡市街を南端とする亀岡盆地の東縁には北北西方向に亀岡断層が走り南西側には山地や段丘が北東方向に傾いた断層角盆地が形成されている。亀岡断層がつくる断層崖には三角末端面が連続し崖下に扇状地がみられる。盆地内は当地で大堰川（おおい）と呼ばれる桂川上流部が東流する。

篠町（しの）東南部にみられる150m以上の丘陵は、高位段丘に相当する。100m以上の平坦な地域はより新しい時代の低位段丘で、篠町から西方の市街地に広がる地域は居住域や交通路として利用されている。いずれも、亀岡盆地が巨大な湖であった時期に水中にできた平坦地が陸化されて地表に現れ、侵食を受けたものである。低位段丘上は水不足の土地で上流部にはため池が多く見られる。例えばつつじが丘の3連の池は「茱萸谷池（ぐみだに）」と呼ばれ、18世紀の建造以降、浄法寺（じょうぼうじ）や柏原（かせばら）の耕地を潤してきた。なお湖時代は現桂川に沿って排水されていたと推定され、山地を深く穿つ保津峡は先行谷のモデルとして有名である。

写真18　保津橋上から見た氾濫原と低位段丘

最も低い標高80〜90mの沖積平野は、現大堰川の氾濫原で田や荒地になっており、旧河道跡が縦横にみられる。盆地は上流部に広い流域を持ち、起伏の大きい山地から急流が大堰川に注ぐ反面、出口が狭窄部であることから溢水が生じやすい。明治期の地形図では、西川と年谷川（としたに）の間と亀岡駅（かめおか）東方が水田に分類され、遊水地の機能を果たしていたことが判読できる。2013年9月の台風18号襲来時、亀岡駅構内が冠水したのも記憶に新しい。

古代からの交通路

古代の亀岡は丹波国に属し、山陰道が畿内から出た口丹波に位置していた。奈良時代まで山陰道は鵜ノ川上流の老ノ坂（おい）を経て馬堀（うまほり）付近で渡河し、現保津町から段丘化した扇状地の上を通過したようである。延喜式（えんぎ）の記載から平安時代には右岸側の段丘上を通過したと推定されているが、道の復元には至っていない。水運をみれば、平城京の時代から大堰川の筏流しは丹波材の供給に欠かせなかった。秀吉期には保津や山本の筏問屋も朱印状を得て木材流通を支えた。江戸時代には角倉了以（すみのくらりょうい）の保津峡開削により小型の高瀬舟の通行が可能となり、亀山藩の管轄下で材木や柴が京都の嵯峨・梅津・桂に流送された。

現市街の骨格は城下町

当地は何度も京を目指す軍勢の拠点になった。1333年に足利高（尊）氏は篠村八幡宮で戦勝祈願して六波羅探題を攻め、1582年西国に向かうはずの明智光秀は逆に亀岡から京都に戻り本能寺の変を起こした。

亀岡は16世紀以降亀山と呼ばれたが、現三重県亀山との混同を避け1869年に改称された。現在の亀岡の基礎は、明智光秀による1578年頃開始の亀山城と城下町の建設である。秀吉期に町並みの原型が造られ徳川期には天下普請により城が整備された。城の北側は湿地で南側に東西方向で城下町が建設された。近世の山陰道は東の三宅橋（年谷橋）から城下町に入り、河原町付近から園部や篠山方面に向かった。水準点や京町の存在からその路線が推定できる。城下町は江戸時代を通じて5〜6千人の人口があった。当時の紀行文からは、城下は武家地と商人町や職人町があり、町屋に堀外の耕地を耕す農家が点在し、商農分離されていない状況がうかがえる。

亀岡市の人口は、1970年の約4.7万人が1990年に約8.5万人まで急増し2017年は8.9万人と府内では宇治市に次ぐ規模にある。急増期には、つつじケ丘など南の低位段丘や山麓の地域と沖積平野の一部で住宅開発が相次いだ。2010年のJR嵯峨野線の複線電化により亀岡—京都間は最短20分で結ばれ、朝のラッシュ時には毎時5〜6本の京都行の電車が運行されている。なお2018年現在亀岡駅北側にサッカー等の専用球技場が府により建設されている。

（岩田）

[参考文献] 亀岡市 1995.『新修 亀岡市史 本文編第一巻』, 同 2004.『同 第二巻』.

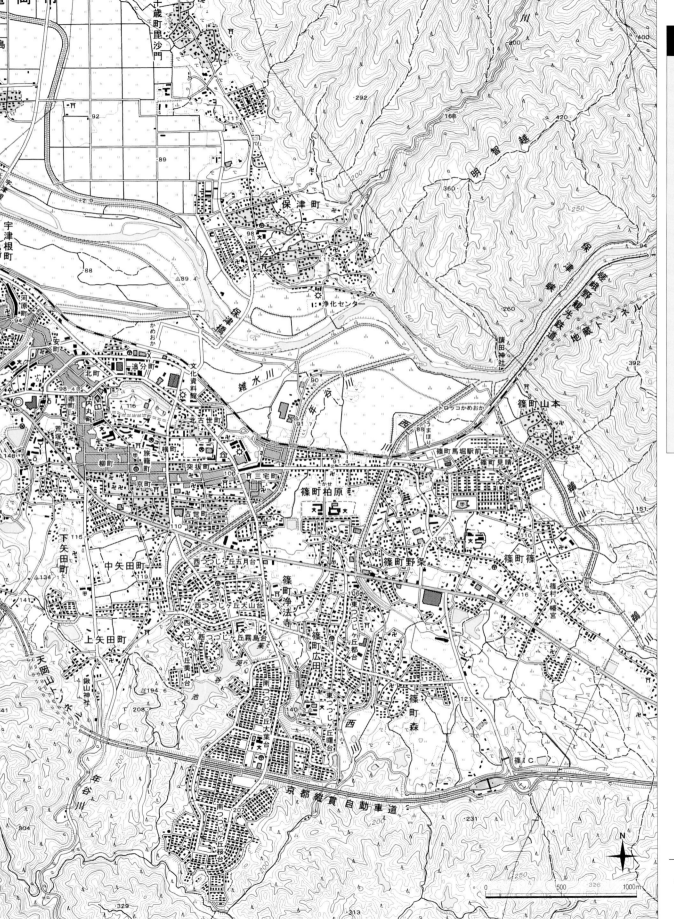

18 亀岡市 〜京都市に隣接する丹波の入口〜

19 京都市北区・上京区 〜都市計画とその後の発展〜

図葉：2万5千分の1地形図「京都西北部」平成28年調製

平安京の中心線，船岡山

平野の中にポツンとみられる山のことを「残丘」と呼ぶ。残丘の多くは堅牢なため，侵食から取り残されて形成されたものである。本図のほぼ中央部にある船岡山は，その多くがかつて深海に堆積したプランクトンの遺骸からなるチャートと呼ばれる硬い岩石からなっており，典型的な残丘地形といえる。

平安京が造営されてから，1200年以上が経過しているが，造営時の碁盤目状の街路が現在の京都の街路の基本となっている。南北方向の中心には朱雀大路が設けられたが，その北への延長線上に船岡山が存在している。現在，船岡山山頂には111.6mの三角点が設置されているが，その近くには岩盤が露出し，尖ったその岩付近からは，京都の町並みが一望にできる。平安京造営の際も，この岩の上から主に扇状地からなる京都盆地内を見渡して，造営プランを練ったことが想像される。

写真19a　船岡山山頂付近から見た京都市街

平安京は風水思想に基づく四神相応の地とされる。それは，都は北に山（玄武），南に池沼（朱雀），東に川（青龍），西に大道（白虎）があることを理想とするという考えで，船岡山はまさに都の北側に位置し，玄武にふさわしい地と言える。また，船岡山のすぐ近くには地図には神社名は記載されていないが「玄武神社」も存在する。

船岡山には，明治に入り織田信長を祀る建勲神社が創建され，地元の人たちからも「けんくんさん」という愛称で親しまれている。

秀吉の都市計画，御土居の痕跡

本図中，菅原道真を祀る「北野天満宮」の北側や「大文字山」北東側に「御土居」の文字がみられる。御土居とは，豊臣秀吉が1591年に京都を囲むように構築した土塁で，京都は，10カ所の出入り口にある門とこの御土居により封鎖された街となっ

写真19b　北野天満宮北の御土居

た。このような都市全体を囲む防壁，あるいは防壁で囲まれた都市内部を惣構と呼ぶ。秀吉は，御土居を構築することにより，それまで応仁の乱で下京・上京の2つに分裂していた惣構を，京都の街を広範囲に取り囲む1つの惣構に造り替えた。

江戸時代に入ると御土居は壊されるようになったが，明治に入ってもまだ，多くの御土居は残されていた。大正時代に入り，宅地化が進む中，邪魔な存在でしかなかった御土居は，次々と壊されるようになり，現在京都市内で御土居がみられるのは史跡として残された一部の地域のみである。

北に広がる住宅地

明治から大正にかけて京都の市街地は，北は西陣のあたりまでで，船岡山以北には広大な田畑が広がっていた。1919年の「都市計画法」により「土地区画整理事業」がすすむようになり，従来の市街地を取り囲む環状道路（北大路・西大路通など）が建設され，その周辺地区に秩序ある市街地が形成されることとなった。さらに，戦後は宅地化が一気に進むようになったが，所謂スプロール化がすすむことなく，北大路通以北は整然とした街路と住宅地が形成されていくこととなった。本図中，平野の大部分は鴨川（賀茂川）が形成するゆるやかな扇状地であり，住宅地を提供するには十分な土地があったといえる。佛教大学や盲学校の北側は，街路が乱れている。これは，このあたりから北側にかけてが，南東に傾斜する高位段丘面で地形に合わせて計画的に街路を整備することが難しく，スプロール状に都市化がすすんだためである。（山脇）

[参考文献] 上野裕 1999. 計画的なまちづくり――土地区画整理事業――. 植村善博・上野裕編『京都地図物語』古今書院.

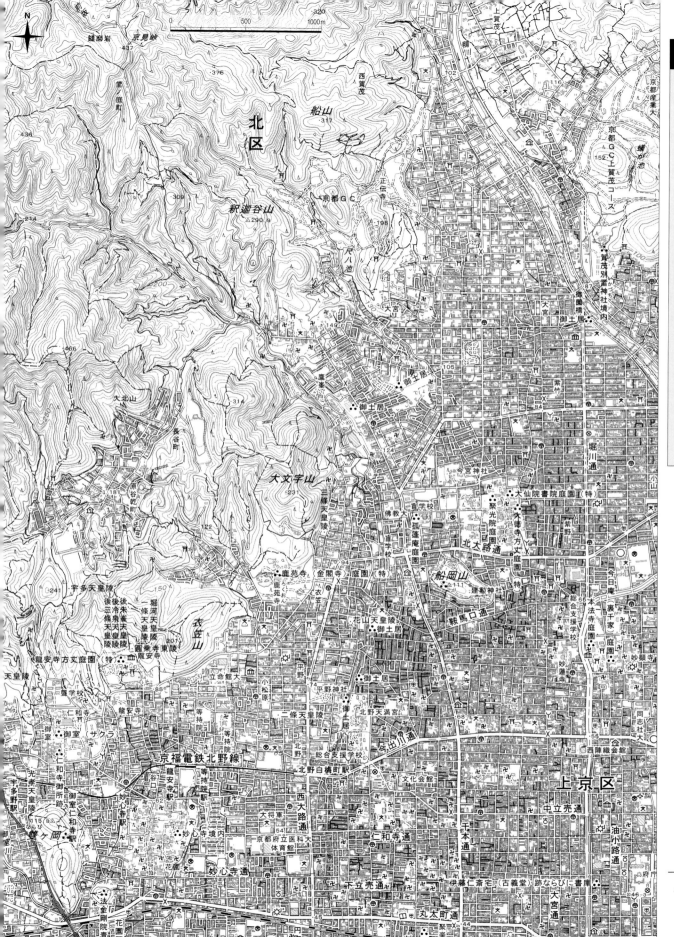

19 京都市北区・上京区 〜都市計画とその後の発展〜

20 京都市上京区・左京区・中京区 〜鴨川の西と東〜

図葉：2万5千分の1地形図「京都東北部」平成28年調製

鴨川の氾濫

　本図中，中央部を鴨川が流れる。鴨川は，出町で賀茂川と高野川がY字状に合流し，「賀茂大橋」から「四条大橋」まではほぼ真っ直ぐに南へ流れる。平安京を造営するにあたり，扇状地上を流れるため安定しない鴨川の流路をある程度固定化し，平安京はその鴨川の流路の西側に造られた。平安時代以降も，かつての鴨川の河原は広く，西は「御土居」のあたり，東は「清風荘庭園」のあたりまであり，広い川原の中を網流状に流れていたとされ，しばしば，洪水氾濫を繰り返す暴れ川として有名だった。1670年に「寛文新堤」が築かれると，川幅はほぼ現在に近い形となり，新しい広大な土地が出現し，民家などが進出することとなった。「寛文新堤」の石堤は，荒神橋〜丸太町橋の鴨川右岸で現在も確認することができる。

京都のCBD

　平安京の中心線は「朱雀大路」で，図中西端を通る現在の千本通あたりであった。朱雀大路よりも東側が左京，西側が右

写真20a　京都のCBD四条烏丸周辺

京であったが，左京が鴨川がつくる扇状地上にあるのに対し，右京は桂川沿いの低湿地であったため衰退がすすみ，京都の街の中心は東寄りになることとなった。明治時代でも京都の市街地の西端は二条城あたりで，東端は祇園周辺を除き，概ね鴨川あたりまでであった。

　現在，四条通，御池通，烏丸通沿いには銀行やオフィスが集まり，ビジネスの中心地区(CBD，業務中心地区)を形成している。また，四条通や河原町通沿いには高級品店や百貨店が集まり，京都の商業の中心地区を形成している。ただし，京都は景観上高いビルの建設が制限されており，中心地区であっても超高層ビルはみられない(写真20a)。京都駅周辺に大規模商業施設の進出が増えているものの，京都の都心として，まだまだ四条通や烏丸通周辺の存在価値は大きいといえる。

吉田・岡崎地区の開発

　図中央，東側の吉田山は，標高121mの孤立丘(三角点は105.0m)で，地図中でも市街地に囲まれているためよく目立つ。吉田山の西側には，近畿地方有数の長さの活断層である花折断層が通っており，数十万年の断層運動によって，盛り上がった末端膨隆丘とされる。

　吉田山周辺から岡崎のあたりは，明治初期には，人家は少なく，田畑が広がる近郊農村の風景を呈していた。明治維新で都が東京に移り，京都の衰退が叫ばれる中，京都再生のシンボルとなった地域がこの吉田・岡崎の地区であった。1890年には，琵琶湖疏水が完成し，1891年に蹴上に水力発電所が建設された。1895年の平安建都1100年に合わせて，広大な土地のあった岡崎で，第4回内国勧業博覧会が開催され，その一環として平安京の大内裏を5／8の大きさで復元した平安神宮が，桓武天皇を祀る神社として創祀された。博覧会では美術館や工業館，動物館などが建設され，公式な交通機関として，蹴上で発電した

写真20b　大文字山から見た吉田山

電力を利用した市電が活躍した。1889年には第三高等学校が大阪から京都の吉田に移転され，1897年に全国2番目の帝国大学である京都帝国大学が設立された。

　現在も吉田は学生で賑わう地区であり，岡崎は京都市動物園や「ロームシアター京都」の愛称をもつ京都会館，京都市美術館，京都府立図書館などが建ち並び，典型的な文教地区として京都市民に親しまれている。また，鎌倉時代創建の南禅寺境内には，近代京都の遺構である疏水が水路橋上を通っており，「南禅寺水路閣」の名前で，歴史を重ねる京都ならではの観光スポットのひとつとなっている。

(山脇)

[参考文献] 清水弘 2007．鴨川の河岸景観とその変化．植村善博・香川貴志編『京都地図絵巻』古今書院．植村善博 2011．『京都の治水と昭和大水害』文理閣．

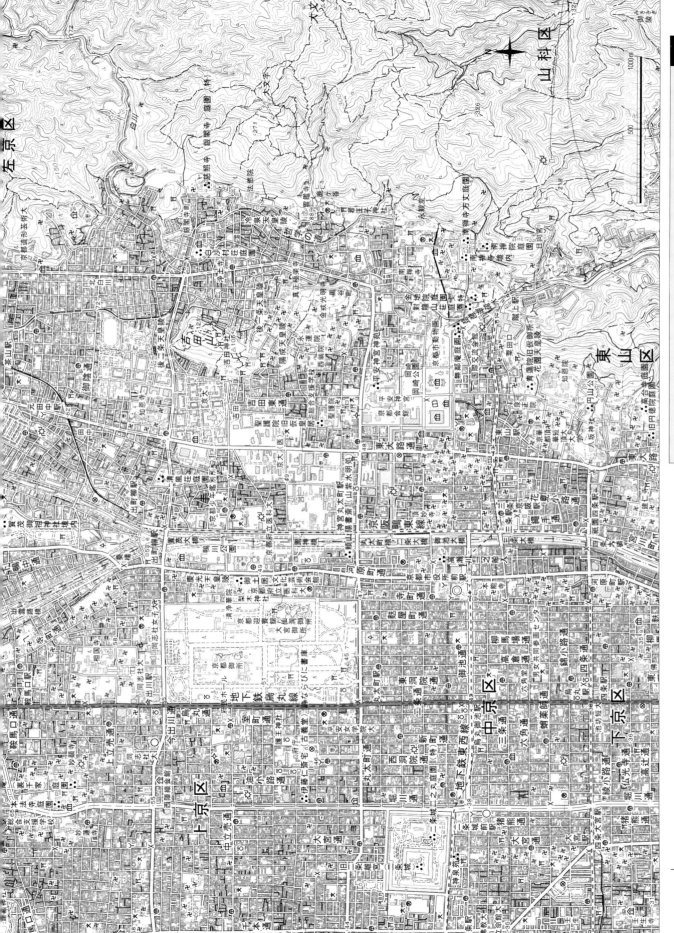

21 京都市東山区・下京区・南区 〜京都の玄関口と信仰の地〜

図葉：2万5千分の1地形図「京都西南部」平成28年調製・「京都東南部」平成28年調製

京を画す自然物や造形物

　本図の鴨川東岸には東山区と伏見区の一部，西岸には京都駅以北に下京区，南に南区がある。地形は東部に基盤岩石からなる東山山地，その南方に大阪層群の丘陵やそれより新しい段丘，西部には扇状地や氾濫原が広がっている。3種の地形を隔てるのがほぼ100mと50mの等高線で，丘陵や段丘上には多くの社寺や住宅がみられる。

　秀吉期には洛中を画す御土居(御土居堀)が，時計回りに鴨川の西―京都駅―新油小路(地図表記なし)―九条通―山陰本線(嵯峨野線)の位置に建造された。本図では読図できないが，京都駅0番線ホームが御土居の堀跡に当たるとされる。下京の短冊形街路や寺町の造成，五条大橋の松原通から現在地への移転など，秀吉による都市改造の跡は現市街地に残されている。

　鴨川では洪水が頻発してきた。17世紀に五条以北に寛文新堤が築造されたが被害は収まらず，1935年の大洪水を機に，勧進橋下流部を直線状にするなど現在の鴨川の形がつくられた。また歴史上鴨川は洛中と洛外の境となってきて，鴨東は古代から鎮魂の地で御陵も多くみられた。院政期から社寺や平家関係の建物ができ都市化が始まり，江戸時代には社寺門前の繁栄などにより御土居が撤去された鴨川西とも繋がった。明治当初に下京に属した後下京区に含まれ，1929年に東山区として分区した。

写真21　京都駅ビルから見た東山方面

交通路が集中した地域

　京の出入り口は古くから東山を刻む谷筋に峠道が山科へ通じていた。五条通が通る渋谷越，今熊野からの滑石越や図北東外の粟田口は特に有名である。現在も渋谷越や粟田口を超える道路は自動車の往来が激しい。平安京の南出口は九条通の羅城門であった。門の北は右京と左京を分ける朱雀大路(現千本通)で現丹波口駅付近を通った。同大路東の左京を中国の洛陽に擬えたことが後に市内を「洛中」と表す元になった。南へは国道1号線の西を通る鳥羽作り道(現鳥羽街道)が諸国への要路となり，後に竹田街道(現国道24号線)が京都駅付近から伏見に通じ，ともに後世の主要路に近いルートが使用された。

　鉄道では1877年に官設京阪間鉄道が開通し，現下京区南端で当時の市街地の端に京都駅が造られた。路線は南西の山崎から市街に最接近した後，東方の大津へは東山の南を迂回し山科に抜ける逆Ｃ型の経路が構想された。東山トンネルを抜ける現東海道線は1921年に開通した。保津峡を渡り亀岡に向かう路線は1899年に京都駅まで乗り入れ，現近畿日本鉄道京都線の元になった路線は1896年に開通した。他方大阪から京街道を辿る京阪電気鉄道は1910年に大阪天満橋から五条駅(現清水五条駅)まで通じた。なお交通の利便性との関係では，現在丹波口駅西側に中央卸売市場，高速道路鴨川西出口付近には花き地方卸売市場の立地がみられる。

　他方，水上輸送路として1611年に角倉了以・素庵父子により開削された高瀬川があり，大正期まで使用された。西高瀬川は大堰川水運活用の目的で幕末に建設され，1870年に当地区まで通じたものである。

信仰の中心地と新たな開発地

　この地域には大きな社寺が集中する。東の丘陵地の清水寺・方広寺・三十三間堂・泉涌寺・東福寺・伏見稲荷大社などの創建には豪族や権力者の関与が考えられる。他方九条通北の東寺や，七条通北の西本願寺・東本願寺は各時代の政権の下での都市構想との関係が想定できる。

　南区の東寺以南は長く農村地帯となってきた。近世には鳥羽の瓜や九条の真桑などの蔬菜生産が有名で明治以降も九条葱や藍の栽培がみられた。戦後は製造業や運輸業等が進出し2014年度の従業者数では双方とも府内市区町村中1位を占めている。
　　　　　　　　　　　　　　　　　　(岩田)

[参考文献] 京都市 1987.『史料 京都の歴史 第10巻 東山区』平凡社，同 1981.『同 第12巻 下京区』，同 1992.『同 第13巻 南区』，中村武生 2005.『御土居堀ものがたり』京都新聞出版センター，植村善博 1999.『京都の地震環境』ナカニシヤ出版.

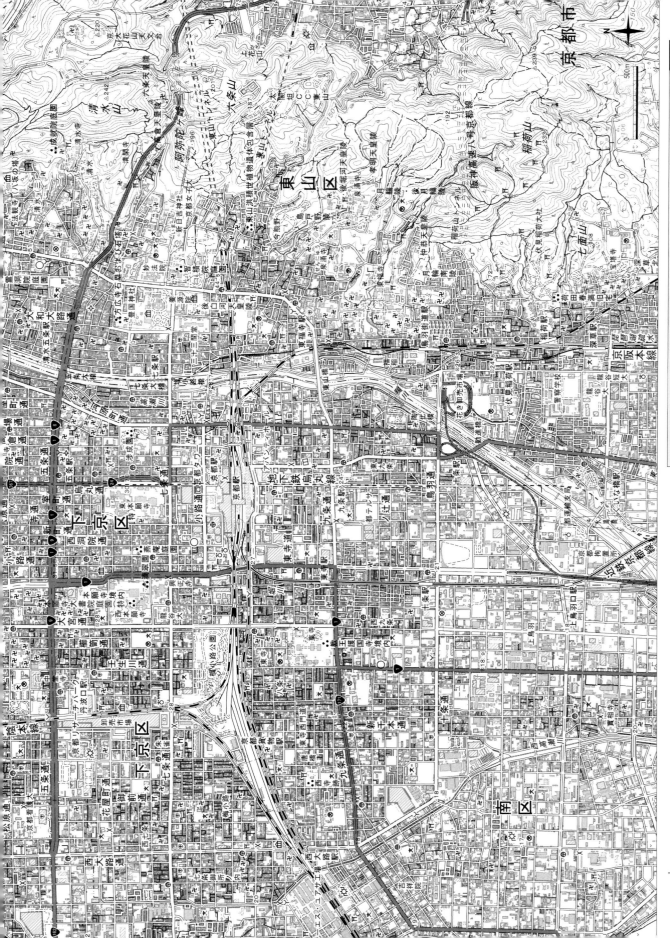

21 京都市東山区・下京区・南区 ～京都の玄関口と信仰の地～

22 京都市山科区 ～洛外から洛東へ～

図葉：2万5千分の1地形図「京都東南部」平成28年調製

水が乏しい盆地

　山科は，北の比叡，東の醍醐，西の東山と中・古生界や大阪層群からなる山地に囲まれた断層盆地で，黄檗断層が走る醍醐山地西麓には比高400mもの急崖がみられる。南方小野の北東方の段丘では，活断層による2本の低断層崖と竹林に利用された膨隆丘が観察できる。盆地は山科川と旧安祥寺川との合流部付近にある段丘の東西付近が主な低湿地となり下流の両岸に続く。盆地では東野・西野・栗栖野等の地名から想像できるように小高い土地が広がり，東部も山科川等の広い扇状地で農業用水が乏しく，長く山林・原野の中に集落が散在する状況がみられていた。当地では平安末期施工と推定される条里地割も灌漑可能な部分に限定されたと推定されている。

写真22　図外東方の音羽山から見た山科盆地

中世までの寺院の興隆

　平安時代には真言宗系寺院が続けて造られた。醍醐寺は山岳仏教修行の地として洛外に開かれ後に醍醐天皇の庇護を受けた。近辺の勧修寺・随心院や北の安祥寺も朝廷と結びついた寺院として建立された。真言宗の中でも宇多天皇と関係が深い嵯峨の寺院が広沢流と呼ばれたのと対照的に，この地は小野流と称された。

　1479年，現在の新幹線の北側に当たる西野に突然土居と濠に囲まれた山科本願寺が出現した。京から北陸や奈良に至る結節点で，河川も利用できる交通至便な地であることや，扇状地の先端部分に広大な土地が寄進されたことも建設に好都合であったようである。山科本願寺と寺内町は，本願寺・直参の有力末寺・町衆の居住地が三重構造になっているもので，ここでの寺内町は計画的に構築された初期のものとして注目されている。しかし1532年に発生した法華一揆の中で，武装した宗徒に攻撃されすべてを焼失してしまった。今その痕跡は，僅かに残存する土塁に確認できるだけである。

交通の整備と開発の推進

　古来より政治の中心地は何度も変遷したが，山城国の東端で近江国に隣接する山科は長く要路の役割を担った。

　山科駅南を通る旧道は江戸時代の東海道である。東の追分には奈良街道との分岐に道標が立ち，南の大宅には京都市に唯一残る一里塚がある。また東海道が京都に向かう日ノ岡では，荷車の轍で道が荒れる箇所が多く出たので，轍が通る部分に溝を穿った車石が並べられた。今も記念碑の土台等に残され往時を偲ぶことができる。

　近代の開発は，1890年に完成した琵琶湖疏水の開通から始まった。2年後には疏水から盆地東部の音羽方面への用水路が完成した。また安祥寺の南から西流していた安祥寺川の上流部の流路を転じ，新音羽川として南下させたことで水利用が進み，田畑が新たに拡げられた。

　交通面では，1880年に京都―大津間を結ぶ官設鉄道が，稲荷山の南を迂回しその後名神高速道路に利用されるルートに敷設された。1921年には短縮路をたどる東山トンネルを利用する現東海道本線が開通した。道路は，1933年に現国道1号線が開通，1963年には日本初の都市間高速道路となる名神高速道路ができ，京都東インターチェンジも造られた。その後も五条バイパスや外環状線，JRの湖西線の建設が進行し，さらに市営地下鉄東西線が1997年に醍醐―二条で開業，2004年に六地蔵まで延伸するなど交通網が整備された。この過程で西方の川田には清水焼の団地や京仏具の工房が生まれ，山科団地など盆地内の住宅開発が行われた。

　山科区の南側は小野と勧修寺までで，その南は伏見区となる。山科区は明治時代の山科村，大正時代の山科町を経て，1931年に京都市東山区への編入，1976年には東山区からの分区という歴史を歩んだ。区域の人口は1965年からの10年間で約6.4万人から12.6万人に倍増，京都市の市街を構成する主要地域として都市化が進み，さらに現在は約13.5万人を擁する文字通り洛東の地となっている。

（岩田）

[参考文献] 京都橘女子大学 1992.『洛東探訪 山科の歴史と文化』淡交社．山科の魅力冊子編集プロジェクト 2010.『京都山科東西南北～区民が選んだ魅力を訪ねて～』山科区役所

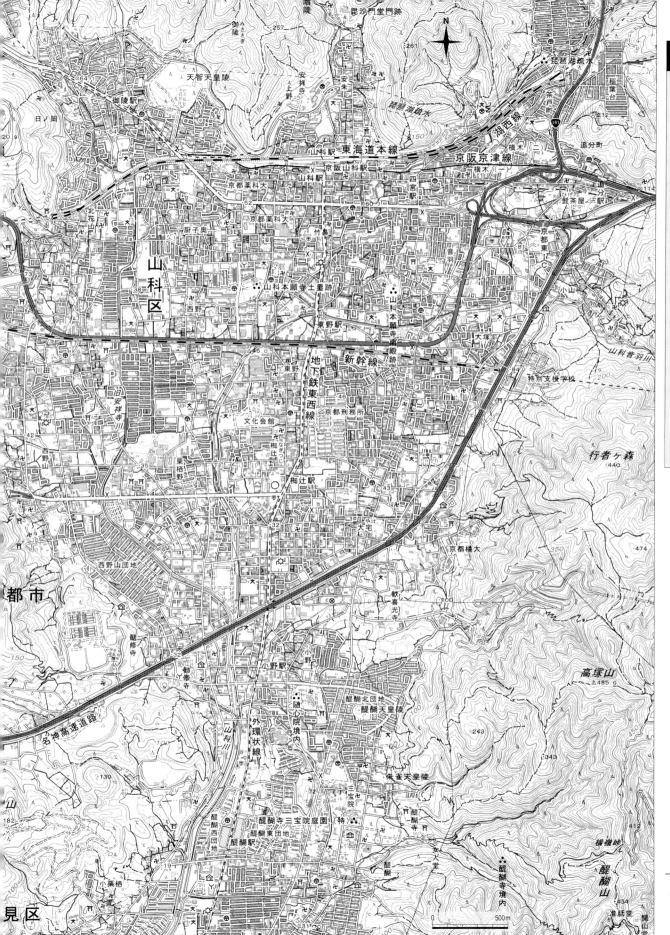

22 京都市山科区 〜洛外から洛東へ〜

23 京都市右京区 〜嵐山・嵯峨野の景観保全〜

図葉：2万5千分の1地形図「京都西北部」平成28年調製

断層運動がつくった嵐山の景観

　桂川が京都盆地に出たあたりの地域を嵐山と呼ぶ。背後にある西山に嵐山という山が存在するが、一般に嵐山は地域名となっている。この嵐山の景観は、断層崖からなる背後の急な山の斜面とその前を流れる桂川がつくりだしたものである。

　桂川右岸の松尾大社から渡月橋近くの法輪寺にかけての山地と平野の直線的な境界線は、その直下の活断層の影響で形成されたものである。活断層は、法輪寺から桂川をまたいで小倉山の北東側山麓へと続いている。この活断層は京都市内では樫原断層と呼ばれている。桂川は、亀岡盆地を流れ保津峡で穿入蛇行を繰り返し、京都盆地に出てくる。京都盆地内に出てきた桂川は、上流域が広いため水量は多く、急に開けた平地を流れるため川幅も広い。京都盆地への出口にかかる橋が渡月橋であり、背後の山の斜面と前景の橋が美しい景観を形作っている。このあたりにある美しい庭園も、背景の山の景色を取り入れた借景庭園となっている。

嵯峨野の地形

　JR花園駅からJR嵯峨嵐山駅の北側にかけて東西方向に延びる4車線の道路が丸太町通で、京都市中心部から観光地の嵐山と直結することから観光シーズンには渋滞が頻発する。この丸太町通が嵐電と交差する常盤駅東側に、南北方向の谷地形があり、そこに丸太町通の地下

写真23a
丸太町通と直交する
地下道

写真23b
景観と馴染んだ
北嵯峨高校

を通る道が2本あることを知っている人は少ない。常盤駅東側の郵便局の住所が常盤窪町、西側にある府立嵯峨野高校の住所が常盤段ノ上町となっていて、地形を表す地名となっている。また桂川の渡月橋左岸の標高は37mとある。約2km東方のJR太秦駅と嵐電帷子ノ辻駅間に明瞭な崖があり、崖下の標高は約35mとなっている。東西に同じ標高の土地が続くことから、かつて桂川は渡月橋で南流せず、まっすぐ東に流れていてその際に崖をつくったと考えられる。さらに、当時雙ヶ岡の横を流れる御室川が嵯峨野の台地を侵食して、帷子ノ辻方面へ流れ、南北方向の谷地形を形成したと推測される。

歴史的風土保存地区と高校建設

　右京区内には京都市内では珍しく2つの大きな池が見られる。大沢池と広沢池である。ともに中秋の名月をめでる行事がみられる池である。このあたり一帯は市街地に隣接しているにも拘わらず、広大な田園地帯が広がり、異空間に迷い込んだような錯覚さえ受ける。これは、この地区が「歴史的風土特別保存地区」に指定されており、景観を保全するため原則として現状変更行為が禁止されている地域であるからである。1975年頃、宅地化が進む右京区内で公立高校を新設する計画が進み、新設にあたってその候補地となったのが、大沢池と広沢池の間にあり、「歴史的風土特別保存地区」に隣接する風致地区内の水田地帯であった。しかし、ここに高校が新設されると、大覚寺一帯の景観が大きく損なわれることになる。一時建設場所の変更なども議論されたが、結局、この地に府立北嵯峨高校が新設されることなった。建設にあたっては景観について十分配慮され、計画では4階建て校舎であったが3階建てに変更され、校舎の東側は2階建てにし、敷地東側に土塁が設けられ、土塁により1階部分はほぼ見えないようにされている。また、校舎の屋根の色調も茶色に統一されるなど、周辺の山々や田園地帯と調和した美しいデザインとなっている。　（山脇）

[参考文献] 大西國太郎 1992.『都市美の京都——保存・再生の論理』鹿島出版会. 山脇正資 1999. 京都の景観と開発. 植村善博・上野裕編『京都地図物語』古今書院. 山脇正資 2009. 京都，御室川流域の地形分類図の作成. 京都府立嵯峨野高等学校研究紀要 10.

23 京都市右京区 〜嵐山・嵯峨野の景観保全〜

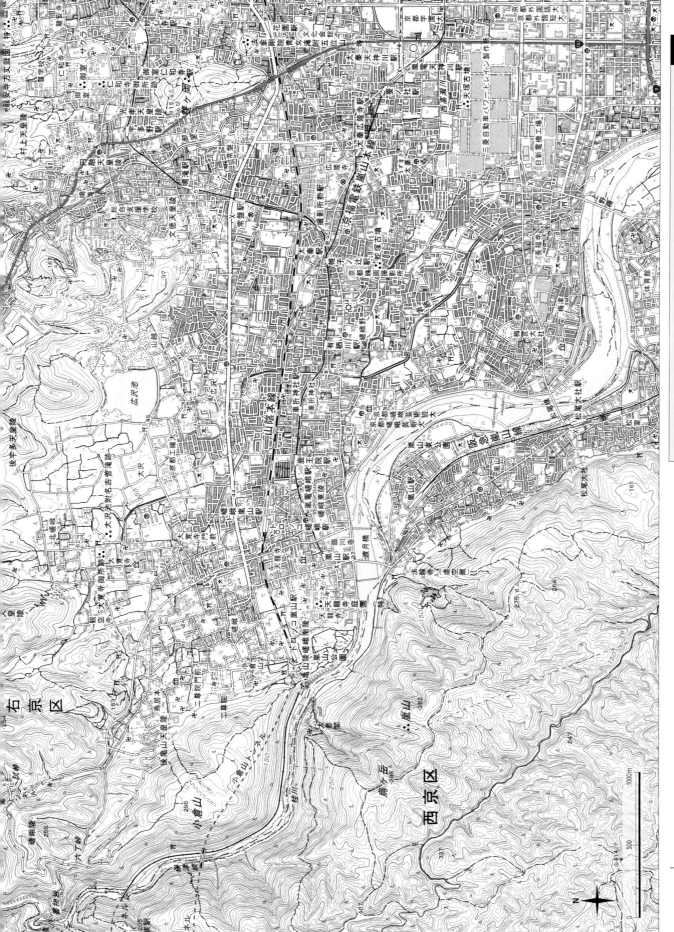

24 京都市西京区・向日市・長岡京市 ～丘陵に生きる地域～

図葉：2万5千分の1地形図「京都西南部」平成28年調製

長く延びる向日丘陵

本図の北西側1/3は京都市西京区，北東側1/3は向日市，南西側1/3は長岡京市を示す。図北端の樫原を除く地域は1950年まで乙訓郡に属していた。乙訓の名は713年に弟国から改称されたものである。

本地域はほぼ全域で，丘陵・段丘・扇状地・沖積地が北北西―南南東軸で分布する。図外西には丹波高地南端部が断層崖を形成し，標高100m内外の大阪層群からなる丘陵が光明寺北方や向日市北部（向日丘陵）にみられる。高位段丘が西京区洛西ニュータウンや長岡京市の走田神社から長岡天満宮に至る地域に，低位段丘は小畑川右岸の広い地域や向日市の阪急京都線以西に分布する。現在も堆積が進行する沖積平野のうち扇状地が小畑川の一文橋付近を扇頂にして高速道路や新幹線付近まで達している。埋積物から小畑川は鎌倉時代以前は東方向へ分れて流出していたと推定されている。また西京区側の山麓や光明寺から長岡天神駅付近までの地域では，新しい扇状地が段丘を覆っている。小畑川沿岸では幅約1000mまで氾濫原が続き，排水条件が悪い後背湿地は桂川右岸の阪急やJRの沿線部に広がっている。

古くからの居住地は，向日丘陵の東では物集女町・向日町・鶏冠井町・上植野町，西では上里南ノ町・井ノ内・粟生・今里等の付近で，段丘上やその末端部に位置している。近年の居住地拡大は沖積地にもおよび，図上からは新旧の判別は難しくなっている。向日丘陵東側の直線状の崖付近を通る樫原断層と，光明寺西側の北北西―南南東方向の崖付近を通る光明寺断層は活断層であり，京都市が被害予想を出し注意を促している。

長岡京への遷都

この地が脚光を浴びたのは，784年の「長岡京」遷都の時である。新都建設への選定理由には，朝廷と協力関係のあった渡来系氏族の居住地であったこと，古山陰道や南の山崎津が近辺にあり水陸の便がよかったことなど諸説がある。戦後になって遺構が発見され，中央の長岡宮が現西向日駅北方に当たる低位段丘上に，右京が段丘上，左京が桂川氾濫原上に配置された東西約4.3km南北約5.3kmの条坊であったと推定されている。しかし都城内を東南流する小畑川の洪水や左京の低湿さなど地

写真24 物集女付近から見た向日丘陵

形条件は必ずしも良くなかった。10年後の平安京への再遷都でも，秦氏の援助断絶，怨霊の影響の他，洪水を原因とするなどの説がみられる元となっている。条坊敷設は丘陵・段丘・沖積地と造成しやすい土地であり，この時期の地形改変が大きかったことが類推できる。

筍の産地から洛西のベッドタウンへ

乙訓は筍産地として有名である。当地は平安時代から竹の名所で，近世には扇骨など竹製品も出荷されている。筍を採る中国原産の孟宗竹が移植されたのは寛政期で，天保期に食用として増産された。明治時代の地図でも丘陵・段丘・扇状地に竹林が広く分布するのが読み取れる。

統計上竹林は「その他の樹園地」，筍は「野菜」として集計される。この数値が減少するのは高度経済成長期である。向日・長岡両町（当時）は1960年代になり京阪地域に近い点が注目され，ベッドタウンとして鉄道の駅の近辺から宅地開発が進んだ。1970年代以降は自動車通勤も増加し宅地が周辺部にも拡大し，1972年には両町とも向日市・長岡京市として市制をしいた。旧長岡町では60年代前半の人口増加率が府内1位となり，向日市では2015年の人口密度が京都市各区を含め府内4位と高い値を示している。北の洛西ニュータウンは京都市初の大規模住宅団地として1972年に着工された。開発前は竹林や畑地から筍や柿等を産出する農村地域であった。団地の面積は約274ha，集合住宅と戸建住宅の複合形態で，中央部に官民施設を集中したものとして計画された。

（岩田）

[参考文献] 向日市 1983.『向日市史 上巻』, 同 1985.『同 下巻』, 長岡京市 1996.『長岡京市史 本文編一』, 同 1997.『同 本文編二』, 植村善博 1999.『京都の地震環境』ナカニシヤ出版.

24 京都市西京区・向日市・長岡京市 〜丘陵に生きる地域〜

25 京都市伏見区 ～歴史の舞台と災害～

図葉：2万5千分の1地形図「京都東南部」平成28年調製

丘陵と低湿地が生活の舞台

　当地域は俯見・臥身・伏水などとも記されたが1879年に「伏見」が公式名になった。「桃山」地名は，江戸時代に生まれた。紀伊郡伏見町から1929年に府内2番目の市となり，1931年伏見区として京都市に編入された。

　北東部には，標高100m以上の山地とその周りに標高50m付近まで広がる大阪層群の丘陵とで構成される桃山丘陵がある。高速道路以南では，丘陵の下に高位・低位の段丘が京阪線付近まで連なり，その西側に扇状地が広がる。伏見の酒造業はこの扇状地末端から氾濫原にかけて分布している。高速道路の北では丘陵と扇状地が広がる。いずれも標高50m付近まで宅地がみられ一部は90m付近まで開発されている。北西部では，先の扇状地に続く氾濫原と自然堤防や盛土地に集落が発達してきた。

写真25　稲荷山から見た竹田・鳥羽方面

　桃山丘陵の南部は1941年に竣工した巨椋池干拓地およびその周辺地域である。堤防や盛土地には集落がみられ，旧巨椋池が淀川中流域の遊水池機能を果たしていたことから，干拓地を初め桃山南口駅の南東方域や向島駅の北西部には排水不良地が広がる。

　当地域は洪水の被害だけでなく大地震の災害も被った。現在京都市からは，河川による浸水の被害予想情報とともに，桃山丘陵西側に連続する桃山断層と，2008年に発見された桃山丘陵南端から西方の宇治川流路に沿う宇治川断層とに関する活断層被害予想の情報が出されている。

歴史上の舞台

　伏見は平安京建設で南の玄関口となった。京都南IC付近には鳥羽離宮が造られ院政の中心地となり，桃山丘陵南端では伏見宮家縁の別業が営まれた。

　豊臣秀吉は桃山丘陵の地政上の位置に着目した。1592年に桃山駅南の指月に屋敷を造り後に城郭に拡張，1596年の慶長の大地震による倒壊後は伏見桃山陵北西の木幡山に城を再建した。同時に宇治川を桃山丘陵の南側まで迂回させ，宇治橋を現観月橋の位置に移し，池中を通した大和街道を橋と繋ぎ，淀津を廃して伏見に水陸交通機能を集中させた。現京阪線西側には土塁を構えた城下町（惣構）が建設され周辺にも武家地が造られた。城建設に伴い丘陵は階段状に改変され，地図でも堀跡などをみることができる。城は関ヶ原の戦い前に焼失，家康により再建された。これら指月屋敷以来の各城を総称して伏見城と呼ぶ。地図に表示はないが，外堀をなした濠川や歴代の城下町を構成した大名屋敷を示す地名が残る。なお伏見桃山城は1964年に建設された観光用天守閣である。

　幕末の鳥羽伏見の戦いでは，伏見桃山駅の南東側が戦場の一部となった。1905年には陸軍第十六師団が北の深草に誘致され，関係施設や練兵場などが建設された。現深草駅や藤森駅周辺にある大学・学校や病院などの多くは，その関連施設跡に造られ，師団の遺構も散在している。

交通の要地と人口急増

　江戸時代に伏見港は淀川水運の中継地となり，西国大名の参勤交代もここを経由した。中書島駅西方の水路につながる角倉了以・素庵開鑿による高瀬川は，京への物資搬入の大動脈となった。同駅北方に坂本龍馬縁の地（地図表記なし）があるのも港と関係する。明治以降も琵琶湖疏水と繋がる水路は利用され，現中書島駅西方の濠川流入口に三栖閘門も建設された。戦後は水運利用が激減し，1967年に港の廃止が決定され体育館などを備えた伏見港公園に替えられた。

　陸運では，1880年に稲荷を経由し深草の丘陵を東に越える京都－大津間鉄道が開業したのを皮切りに，1920年代までに現JR奈良線，現近鉄線，現京阪線が建設されていった。道路も東部市街地を通る旧道に加え近年に西部に複数の道路が建設された。現在も交通の利便性を活かし住宅や企業が進出し，2015年段階で約28万人と府内市区町村別最大規模の行政区となっている。　　（岩田）

[参考文献] 足利健亮 2012．『地図から読む歴史』講談社，京都市 1991．『史料 京都の歴史 第16巻 伏見区』平凡社，京都市HP「防災」，植村善博 1999．『京都の地震環境』ナカニシヤ出版．

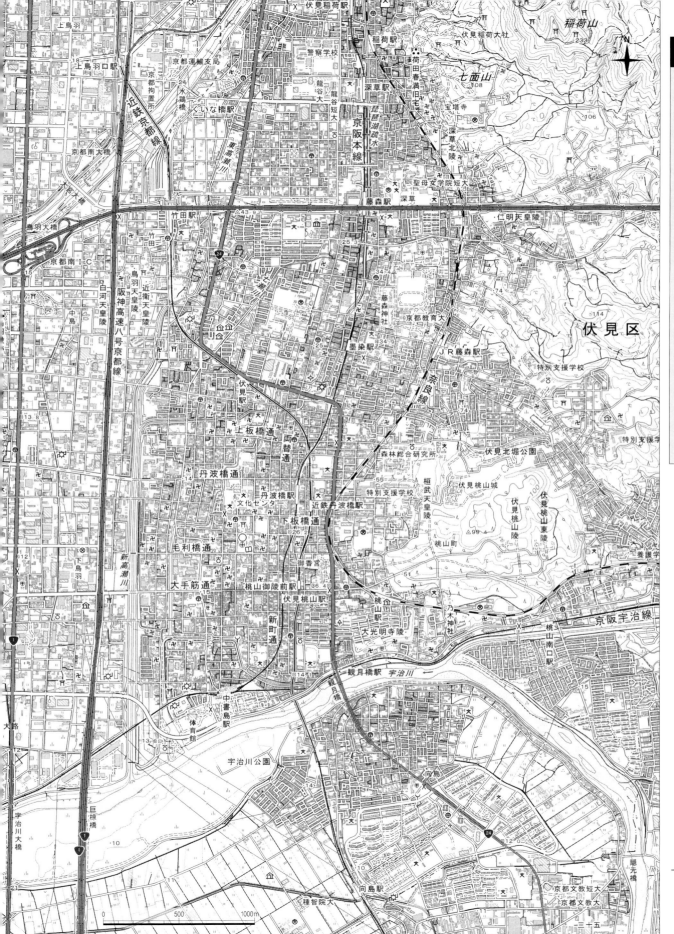

26 京都市伏見区・大山崎町・久御山町 〜京都盆地の出口，三川合流地域〜

図葉：2万5千分の1地形図「淀」平成17年更新

狭隘部の地形と交通の発達

本図西端には天王山，南側に男山の山裾がみられる。南北に伸びる京都盆地はこの幅わずか1kmほどの地域に出口があり，桂川・宇治川・木津川の三川が合流して淀川となり，その狭隘部を抜けて大阪平野へ入っていく。この狭隘部の地形は断層運動の影響で形成されたもので，天王山東麓の金ヶ原断層，南麓の天王山断層，男山西麓の田口断層などの活動が指摘されている。

京都盆地の出口が，幅わずか1kmほどのところしかないということは，交通路もここに集中することとなる。古くから利用されていた西国街道・大坂街道が通っており，交通の要衝となってきた。秀吉が天下をとるきっかけとなった山崎の合戦も，この地で行われており

写真26b 三川合流地域の背割堤

写真26a 山崎合戦古戦場碑と天王山

（写真26a），「天王山」という地名は今も勝負の分かれ目になることを指す語句として使用されている。

明治維新後は，1877年に現東海道本線，1910年に京阪電鉄京阪本線，1928年に現阪急京都線（当時新京阪鉄道），1964年に東海道新幹線の各鉄道が開通した。主要道路としては，国道1号線（現府道）・171号線が通り，1963年に名神高速道路（栗東・尼崎間）が開通した。これらの大動脈がこの狭隘部付近にひしめきあう状態となる一方，交通の便の良さから多くの工場が立地することとなった。

流路の相次ぐ付け替え

かつて，本図中央部の東側にある淀城跡の北側を宇治川が流れ，その少し下流部で木津川が合流していた。木津川の旧流路は土地利用の違いから容易に見出すことができ，現在八幡市の飛び地となっている（「29 八幡市」参照）。このあたりは，淀川水系の広大な流域の水が集まるため，水害が頻発してきた地域である。このため河川の付け替えや治水のための工事が行われ，その合流地点は西へと移動されてきた。1868年の水害をきっかけに，木津川は南西寄りの現流路に付け替えられ，工事は1870年に完成した。宇治川も1900年から1903年の工事で，淀城跡の南側の直線的な流路に付け替えられ，連続堤防を築くことにより，巨椋池とも分離された。さらに洪水時にそれぞれの河川の流量の違いにより，逆流する可能性があるので，下流まで伸びた背割堤が築かれた。背割堤は，現在は桜の名所にもなっている。

巨椋池の排水

本図中，東端付近に西一口・東一口の地名がみられる。京都府内の超難読地名のひとつである。この西一口から東一口あたりが遊水池の巨椋池の出口であった。秀吉が前田

写真26c 東一口の巨椋池排水機場

利家に命じて宇治川に槇島堤を築かせ，さらに明治時代の河道付け替え工事および河床の掘り下げにより，巨椋池は宇治川とほぼ分離され，宇治川が増水したときだけ，巨椋池に水が流れ込む遊水池の役割を果たすようになった。他方，遊水池化により水質悪化がすすみ，漁獲量の低下の影響もあり，1933年から巨椋池の干拓工事がすすめられた。東一口の排水機場から巨椋池の水が排水され，1941年に干拓工事は終了した。現在は，2005年に完成した新しい東一口の排水機場があり，宇治川に水を排水している。

（山脇）

[参考文献] 宇治市歴史資料館 1991.『巨椋池』宇治文庫3.

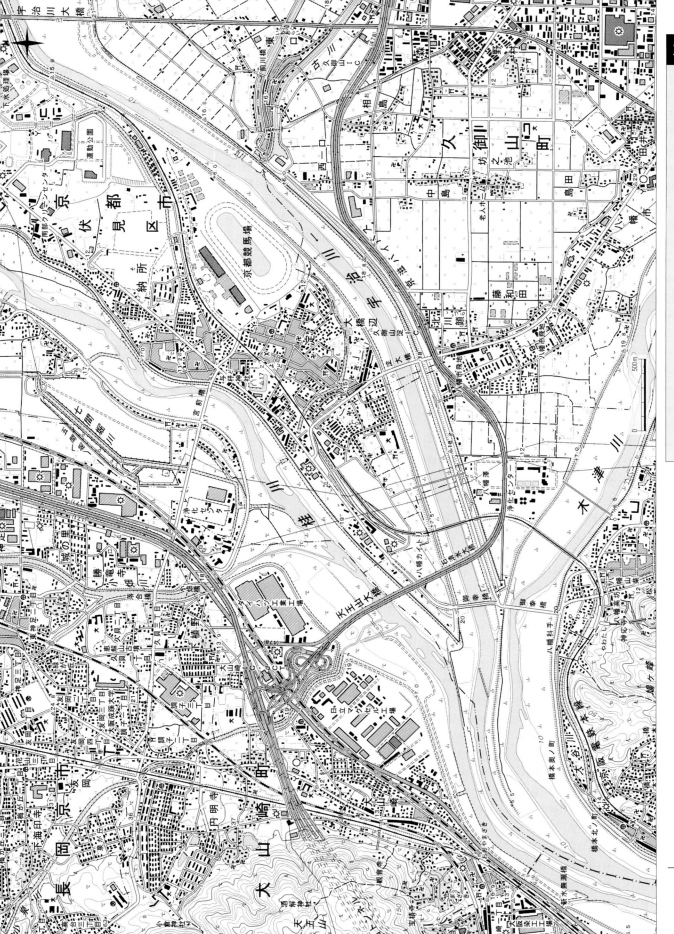

27 宇治市 ～宇治川の谷口に成立した町～

図葉：2万5千分の1地形図「京都東南部」平成28年調製・「宇治」平成17年更新

谷口集落として発達した宇治市

　琵琶湖から流出する唯一の河川である瀬田川は、京都と滋賀県の境界の醍醐山地を穿ち渓谷をなして、京都盆地に入る。府内に入ると瀬田川は宇治川と名前を変える。この宇治川の谷口に成立した町が宇治である。隆起する山地を河川が穿入蛇行して流れ、その出口にあるという点で、地形的には京都市内の嵐山と似ている。景勝地として古くから貴族の別荘地となり、7世紀には宇治橋が架けられ、交通の要衝としても発達することとなった。

　地図中、宇治川左岸でJR線より南側に広がる住宅地は、高位段丘や大阪層群からなる丘陵地を造成して形成されたものである。ユニチカ宇治工場から北西の宇治川左岸側の低地帯は、かつて宇治川が最短で巨椋池に流入していた地域である。16世紀末に豊臣秀吉が前田利家に命じて、槇島堤を築かせ、宇治川を現流路のように付け替え、宇治川は北側に大きく迂回することとなった。これは伏見に城を築き、伏見を京都の南の入口として整備するためとされている。地図中、北の端にみられる木幡池は、宇治川と山科川が合流するあたりの低湿地にあり、巨椋池に付属する湖沼のひとつが残存したものである。

　宇治橋のやや上流側、宇治川右岸に宇治発電所がある。この発電所は1913年に完成したもので、発電に使われる水は瀬田川の南郷から取水し、醍醐山地の地下に導水路を掘り、その落差を利用して発電している。

　宇治で茶の栽培が始まったのは、鎌倉時代である。都に近いこともあり、近世にかけて、時の権力者の庇護をうけ発展し、「宇治茶」のブランド名が全国に広まることとなった。現在、「宇治茶」と呼ばれるものは、「京都・奈良・滋賀・三重の4府県産茶を京都府内で加工したもの」（京都府茶業会議所）とされ、2015年以後「お茶の京都」のキャッチフレーズでさらなるブランド化および産地の観光地化が進められている。本図中では、「宇治」・「岡本」・「白川」・「志津川」等の一部に茶畑の記号がみられるにすぎないが、かつては図中南西端の住宅地となっている扇状地・段丘・丘陵地の多くが茶畑であった。

　宇治は、テレビや映画にもなったアニメーション「響け！ユーフォニアム」の舞台である。従来からの源氏物語ファンだけでなく、最近のアニメ聖地巡礼ブームで、アニメファンや吹奏楽愛好者も訪問が増えている。

天井川と中小河川の氾濫

写真27c　護岸工事中の天井川の弥陀次郎川

　2012年8月14日、京都府南部の大雨により、宇治川右岸支流の弥陀次郎川が氾濫し、宇治川右岸地区の住宅地が冠水した。弥陀次郎川は五雲峰を源流とし、黄檗山萬福寺の西北西に向かって流れる河川で、下流は典型的な天井川（写真27c）となっている。普段は流量の少ない河川であるため、地図中に河川名は載っていない。2012年の災害では、上流から運ばれてきた倒木が、橋にひっかかりダムアップされた水流が護岸を越えたこと、住宅地に入った地点に河道がS字状に屈曲した地点があり、屈曲部をうまく水が流下できなかったこと、水量の増加により天井川の堤防の一部が破堤し、天井川であったことから大量の水が下流の低地に流れ込んだことなどが原因であったとされる。

(山脇)

写真27a
宇治橋から見た
上流側

写真27b
アニメの舞台と
なった大吉山展
望台(仏徳山)

[参考文献] 京都府茶業会議所HP.

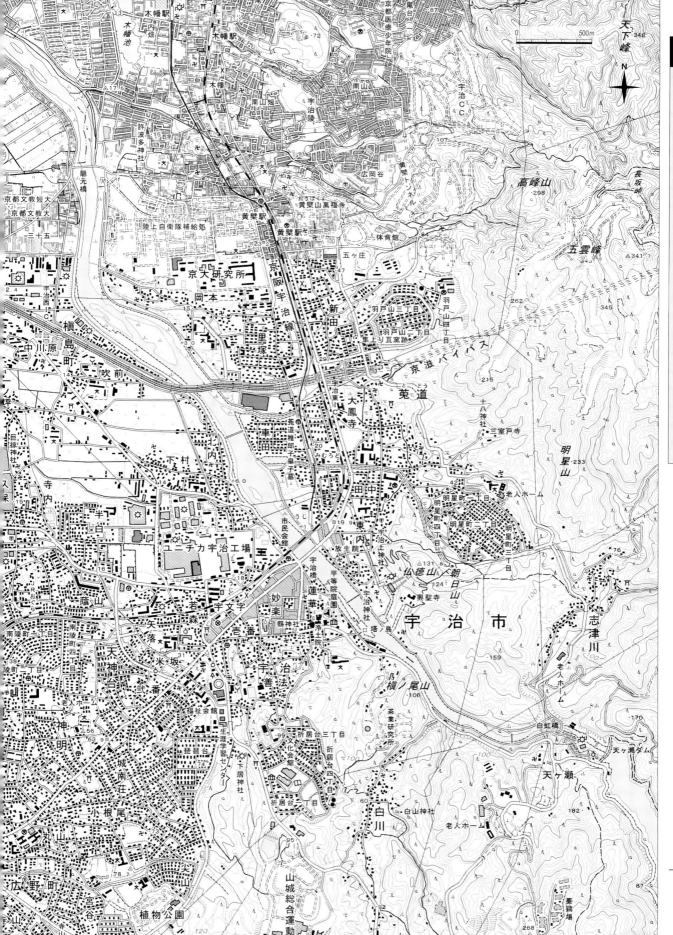

27 宇治市 〜宇治川の谷口に成立した町〜

28 城陽市・久御山町 ～丘陵と低地に広がる生活域～

図葉：2万5千分の1地形図「宇治」平成17年更新

居住地と特徴的な土地利用

　本図東外にある宇治丘陵は大阪層群の厚い礫層からなる。JR奈良線の東にある宅地の大部分はこの宇治丘陵の西縁を取り巻く高位・中位段丘上にある。段丘上には縄文時代の遺跡や古墳・官衙等の古代遺跡があり1960・70年代に大規模宅地開発が行われた。古くからの居住地のうち伊勢田・大久保・久津川付近は段丘下の扇状地に、寺田は自然堤防上に発達した。旧街道や1895年に開通した現JR線がこれらを繋ぎ、旧集落内には社寺や不整形な路地がみられる。

　他方、木津川の氾濫原では古代の条里遺構がみられ、流域の重要な排水路である古川には『日本書紀』記載の栗隈大溝への比定説もある。低地内の自然堤防には集落が立地し、佐山・佐古・市田等は中世の環濠集落の景観を残している。城陽市寺田の南では沖積平野の典型的な土地利用がみられる。木津川の堤外では茶、堤内の自然堤防では荒州と呼ばれる砂地の畑でサツマイモ、後背湿地の田の畦上ではイチジク、長池駅西方の湧水がある低湿地では花卉類の栽培が行われている。久御山町の佐山でも自然堤防等に同様の土地利用がみられる。

写真28a　花卉栽培地（「文化パルク城陽」東方）

写真28b　かさ上げされた民家（久御山町佐山）

洪水との闘いと川の利用

　この約400年間で木津川では400件もの水害が発生し、ことに河床が上昇した18世紀以降は破堤が多発した。前掲の荒州も1859年と1876年の洪水による形成であると推定されている。久御山では1885年の大雨で巨椋池堤防が決壊して池水が溢れ、宇治川左岸から西の低地が遊水池化し、城陽をも含む久世郡の人家・田畑の7割が水没したとの記録がある。さらに1953年の南山城水害は被災地全域で犠牲者336名を数える戦後最大の水害となった。

　本図東外の丘陵では、1961年からの山砂利採取地がバッドランド化し災害発生の危険性を孕んでいる。現在防災にも配慮した跡地利用計画が進行している。木津川では上流に高山ダムが1969年に建設されたことで破堤の危険性は減少した。しかし、天井川化した域内の支流では内水災害の危険性は残されている。

　他方、木津川は昭和初期まで地域の大動脈の役割を担ってきた。江戸時代、寺田・上津屋・佐山の浜などでは年貢米・茶・綿・野菜などが淀船により搬出されていた。

国策の地から工場地への変貌

　久御山町市田と佐古の付近に、45度傾いた2つの四角形を繋げた地割りがみられる。直線の区画内は1940年起工の京都飛行場の跡である。耕地減少を唱える建設反対の地元集落を避けた変形の敷地で、初め逓信省航空機乗員養成場として、後に陸軍飛行学校とされた。今も直線状の外郭部分に当時の排水路が残り、西側地域は工場進出地となっている。また宇治市の大久保駅西方の自衛隊駐屯地や工場も、当時建設された国策会社「日本国際航空機工業株式会社」の跡地に造られている。

　戦後の久御山町には、1966年に本図西外を国道1号枚方バイパスが開通したことを契機に多くの工場が展開することになった。その後も域内を高速道路が南北・東西方向と次々に建設され、城陽市では現在城陽IC付近への企業誘致が開始されている。

（岩田）

[参考文献] 乾幸次 1987.『南山城の歴史的景観』古今書院．城陽市 2002.『城陽市史 第一巻』．久御山町 1986.『久御山町史 第一巻』、同 1989.『同 第二巻』．植村善博他 2007.木津川・宇治川低地の地形と過去400年間の水害史.京都歴史災害研究 第7号．

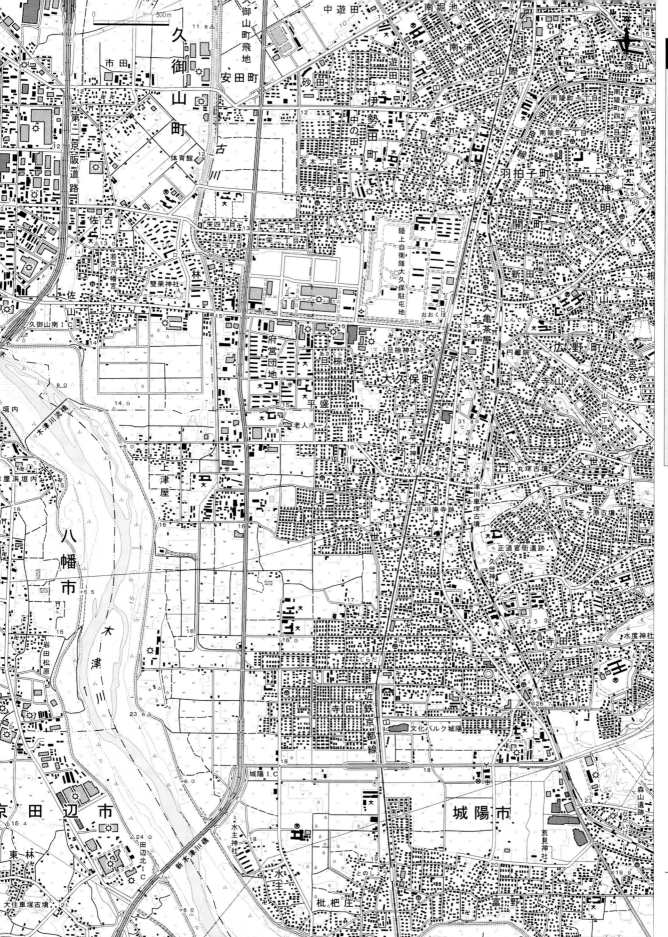

28 城陽市・久御山町 〜丘陵と低地に広がる生活域〜

29 八幡市 〜洪水との闘いと開発〜

図葉：2万5千分の1地形図「淀」平成17年更新

男山丘陵と木津川沖積地

八幡市は男山丘陵と木津川沖積地からなる。前者は中・古生界からなる孤立丘の男山（主峰鳩ヶ峰）と大阪層群からなる50〜60mの南側の丘陵となる。鳩ヶ峰南西部では大阪層群の分布に沿うように住宅地がせり上り，中央部では国道1号線が丘陵を越える洞ヶ峠付近まで宅地開発が進んでいる。一方大阪府枚方市側の住宅開発は南西部では稜線までおよんでいる。丘陵の南東部東側では標高40〜50mの中位段丘がみられ主に竹林等に利用されている。他方男山東端部から南に伸びる直線状の急崖は断層崖と推定される。崖下には扇状地状の地形が連続しており古くから居住地や交通路として利用されてきた。

本図北東部には木津川沖積地が広がる。左岸側は標高12m前後の低地が田地とされ自然堤防が島状に続く。社寺がみられる古くからの集落をはじめ，下奈良西方の梨園，新規の住宅地や工場地の多くは自然堤防と重なる。

右岸側には木津川の旧河道跡があり荒州と呼ばれる自然堤防が広がる。1868年の大洪水で旧流路の堤防が決壊し八幡側に大被害が生じた。そこで明治新政府は，耕地減少を要する河道変更に反対する八幡側を抑えて北西方向の現流路に付け替えた。工事では旧河道の東堤を巨椋池の増水に備えて残し，西堤を切り崩して川底に敷き詰め土地を造成した。八幡市飛地は開墾地の一部である。西堤に沿い八幡外四郷と呼ばれた村々は，新河道により八幡との繋がりが事実上絶たれ，昭和になり綴喜郡から久世郡淀町へ，次に京都市淀へと行政区が変更された。

内水災害との闘いと開発の歴史

木津川沖積地は洪水常襲地で，耕作地として厳しい環境下にあった。地図上に表示はないが，数字が付く地名や地割りの状況から古代の条里遺構の存在が考えられている。自然堤防上の川口掘ノ内・下奈良・上奈良・戸津・内里には中世の環濠集落の景観が残され，当時の開発の進行が推し量れる。ただ18世紀には防賀川中流の蜻蛉尻川で，上流と下流の村が被害軽減目的の堤切の是非で対立するなど，洪水対策の課題は残されていった。戦後も京田辺から八幡地域を排水する防賀川等の内水災害は頻発した。そこで木津川への排水ポンプ場の大改修と大谷川の拡幅とが行われ，水との長い闘いに区切りを

写真29　伏見区稲荷山から見た男山丘陵

つける努力がなされている。

丘陵部では南端の美濃山の耕地開発が他藩の武士や町人の主導で17〜18世紀に行われた。元々当地には松井や内里等の下流四か村が利用するため池があり，牛馬の飼育地，田の肥料や薪の供給地ともなっていたので反対が強く，開発許可に時間を要した。結果的には美濃山地区の石高は2倍半に増えることになった。

交通の要衝としての発展と戦後の変貌

八幡は古代より交通の要衝であった。古代寺院遺跡の分布からは，奈良の都から山背経由で山陰に通じる道が木津川左岸の丘陵沿いに北上し，男山丘陵の鞍部で西に越え楠葉（現大阪府枚方市）に至ったと推定されている。

平安時代の859年には大分の宇佐八幡宮から男山に八幡神が勧請されて石清水八幡宮ができた。東山麓では宿院・市場や人家が建ち並び，京から巨椋池経由の移動路もできて人や物の流れが生まれた。八幡からは奈良方面に通じる高野街道が利用され，街道沿いに集落が発達した。水上交通路として淀川と木津川は盛んに利用され，古代から奈良・京・大坂方面を結んでいた。中流に当たる八幡は中継地としても渡河地としても利用された。

戦後の高度経済成長期には道路建設と宅地開発で変貌が進んだ。1966年に国道1号線枚方バイパスが開通し京阪経済圏と結びついた。1969〜72年には丘陵頂部付近に日本住宅公団が中心となり約8千戸の男山団地が造成され，その後南部ではJR学研都市線沿いの開発が進められている。

（岩田）

[参考文献] 谷岡武雄 1964.『平野の開発』古今書院，八幡市 1986.『八幡市誌 第一巻』，同 1980.『同 第二巻』，同 1984.『同 第三巻』．

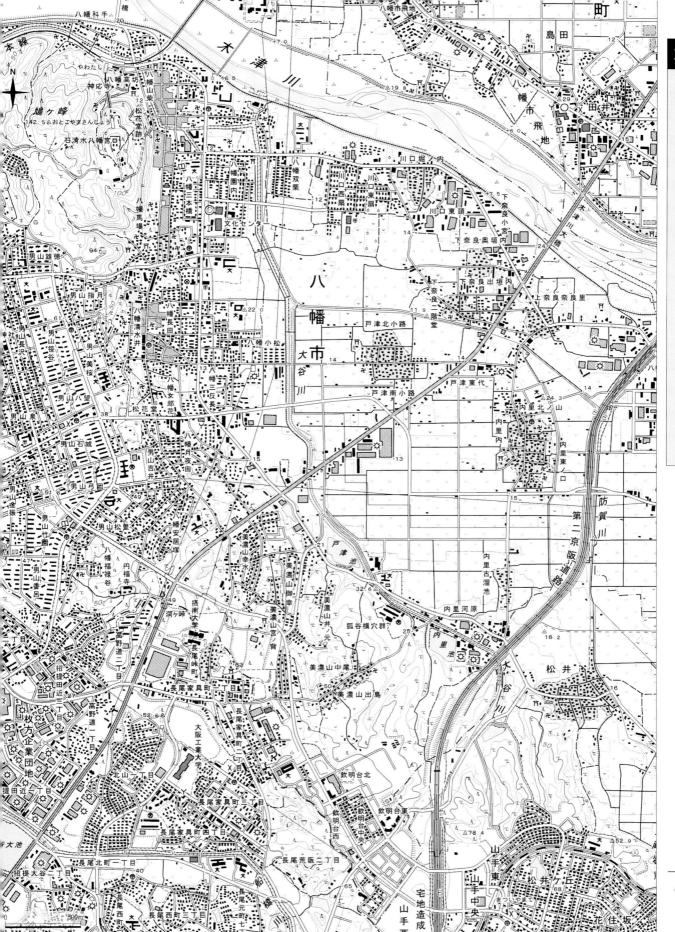

29 八幡市 ～洪水との闘いと開発～

30 京田辺市・井手町 〜多彩な地形と古くからの居住地〜

図葉：2万5千分の1地形図「田辺」平成28年調製

洪水を避けた集落の立地

北流する木津川左岸の京田辺市では、大阪層群からなる標高50m〜100mの京阪奈丘陵が西に広がり、遠藤川、普賢寺川、防賀川が木津川に流入する。JR・近鉄線沿いの南北に複合しつつ連続する扇状地には宮津・三山木・興戸・田辺、防賀川の自然堤防上には草内の各集落が発達した。

写真30a　井手断層崖と上井手の低位段丘

右岸の井手町には中・古生界や花崗岩からなる標高約300mの山地があり、井手断層崖で丘陵と区切られる。その間を上流から渋川、玉川、南谷川、青谷川が木津川に注ぐ。丘陵の下には上井手北西側に標高80〜90mの高位・中位段丘、その南側と玉川左岸に標高50〜60m台の低位段丘が広がる。これらは玉川の扇状地が段丘化した開析扇状地であり、木津川が侵食した段丘崖が連続する。北方の多賀も中位段丘と低位段丘上にありその北東側に竹林等が広がる高位段丘がある。玉水駅周辺の町中心部は段丘下に広がる玉川の扇状地にある。自然堤防は多賀西方の木津川堤内の茶畑や渋川左岸の集落等にみられる。

木津川両岸から流入する河川の多くは天井川となっている。上流域の土砂供給の増加で河床が上昇するのに対し、溢流防止のために浚渫と堤防のかさ上げを繰り返したが、土砂供給量が多く、河床が周囲の低地より高くなったものである。右岸では複数の河川がJR線の上部を流れるのが読み取れる。左岸では天井川の防賀川がこれまで道路や鉄道の妨げとなってきたが、現在改修が進められている。

左岸中央部の飯岡は、木津川が蛇行侵食する過程で周囲が何度も削り取られてできた環流丘陵である。南端にある基盤岩石が侵食から護ったと考えられる。丘上に古墳があり、古くは咋岡と呼ばれて万葉集にも登場する。

散在する史跡と災害

京田辺の地は木津川に沿う左岸の要路として古代から様々な勢力が交錯した。地図上の表示はないが、同志社大学東には弥生時代の高地性集落遺跡、同正門西には6世紀の筒城宮址碑がある。また三山木駅東の山本集落には、奈良時代に平城京から北へ向かう道路に山本駅が設置された。現在の市の中心部田辺は、中世〜近世には「天神森」と呼ばれる村であった。草内・山本・興戸の集落の歴史は古く、三山木は明治時代以降の地名である。

井手町では、上井手の63.4m三角点付近に奈良時代に橘諸兄が建立したと伝える井提寺の遺跡がある。木津川右岸を通る大和街道沿いには玉川の北側に玉水宿ができた。多賀との間には景勝地の贄野の池があったとされ、これは木津川の後背湿地であると推定できる。

自然災害面では、1953年8月に発生した南山城水害と9月に発生した台風13号による被害の2つは「昭和28年災害」として強く記憶されている。南山城水害では玉川上流にある大正池の決壊により下流で破堤し、JR線を越えて土砂が流出した。井手地区では107名の犠牲者と多数の家屋への被害が出た。玉水駅にはこの時の水難記念碑と流出した巨石が残されている。南谷川でも1917年に家屋浸水、1953年には家屋流失や全半壊などの洪水被害が生じている。

現在左岸の京阪奈丘陵では、里山的な自然もみられるが、宅地造成や道路建設などの地形改変が著しく、氾濫原では住宅地の拡大が進んでいる。　　　　（岩田）

写真30b　JR片町線を跨ぐ防賀川旧流路（2017年8月撮影）

[参考文献] 井手町 1973.『井手町史シリーズ第一集 井手町の自然と遺跡』，田辺町 1968.『田辺町史』，植村善博他 2007. 木津川・宇治川低地の地形と過去400年間の水害史. 京都歴史災害研究 第7号.

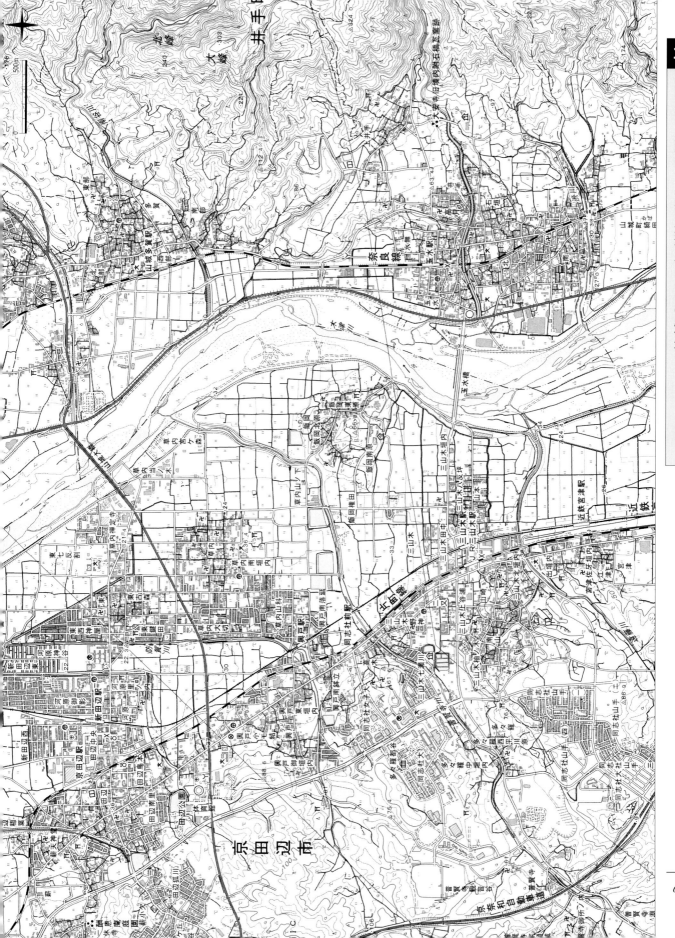

31 宇治田原町 〜山間地を克服する新旧の産業振興〜

図葉：2万5千分の1地形図「宇治」平成17年更新・「朝宮」平成28年調製

盆地の成り立ちと居住

　宇治田原町の中心部は，北西の宇治市，西の城陽市の市街地から約6km離れた山間盆地に位置する。盆地の北には大峰山など中・古生界の基盤岩石からなる標高400m以上の山地がある。北の山地では急斜面の上部が緩斜面になっていて，平坦な土地が隆起した後に谷の侵食が進んだことを示している。なお貝化石産出で有名な第三紀中新統の堆積地は湯屋谷の東方に分布する。

　大峰山などの山地の外側を囲むように，東方の滋賀県側から続く洪積統からなる丘陵が幅約2km，長さ約6kmの範囲で連なる。これらは200〜120万年前に古琵琶湖から宇治丘陵方面への流れが存在した時の堆積物からなり，隆起過程で河川により侵食されたものである。丘陵は標高150〜250m付近に分布し，大部分が緩斜面や平坦地でかつ地形改変が容易なことから，茶園として開発の対象となってきた。

　他方，沖積平野は田原川や犬打川両岸の狭い範囲でみられ，重要な農業生産地となっている。古くからの荒木・岩山・禅定寺の集落は扇状地，南は低位段丘，郷之口は氾濫原に立地し，丘陵間の小河川沿いにも居住地がみられる。なお大峰山南西にある高尾は，盆地部から隔絶された標高250〜300mの山腹に位置し，中世の戦乱の際の落人が隠れ住んだという伝説が残されている。

　北西部を流れる宇治川は蛇行流路が深い峡谷を穿っており先行谷を形成している。

茶業の興隆

　同町は茶業で知られる。2016年度統計では荒茶生産量は和束町・南山城村に次ぐ府内第3位で，うち玉露のみは圧倒的な首位にある。当地には，鎌倉時代に明恵上人の弟子を経て本図東の大福川流域に種が植えられ，西の田原地区にも移植された伝承が残る。鎌倉・室町時代には大福茶として有名になった。当時抹茶や焙じ茶で飲用されるのが主流の中で，湯屋谷の永谷宗円が1738年に急須を用いて飲む煎茶の製法を創始した。翁は江戸に赴き日本橋の茶商山本家と取引を始め生産を拡大した。その後，文化文政期頃には新製法が各地に広まるようになった。明治維新前後には茶の輸出が盛んになり，南集落で禁裏用の栗林が茶畑に替えられるなど茶畑が拡大した。

写真31　岩山の茶畑と工業団地

交通の整備と工業団地

　古代には山城から近江に抜ける田原道が通り，本能寺の変直後に徳川家康が堺から三河への逃避路に使うなど，歴史の節目に何度も登場した。江戸時代には木材・薪炭・果物・茶などの需要が増え水陸交通の整備が要請された。宇治方面へは従来のくつわ池経由の山道に替えて田原川に高瀬舟を通す計画ができたが，負担の多い事業は敬遠された。1831〜43年には地元の奥田治作翁が私財を投じ，田原川沿いに図外北西部の天ヶ瀬浜まで車馬が通れる宇治道を改修した。これで従来西方の木津川の浜まで搬出していたものが宇治川利用に替わった。現在宵待橋上流には翁の功績を顕彰する「直路碑」がある。

　湯屋谷から図外東方の奥山田方面への道路は大正初期に完成され1970年に国道になった。大正期には禅定寺から大津，南から和束への道路も整備された。

　路線バスは1921年に城陽経由で90分かけて宇治まで開通した。短縮路の宇治道線は1929年に通じた。いずれも安全運行のため道路改修に時間を要した。現在も宇治・京田辺両方面に至る路線が繋がる。

　盆地の東部では開発可能な丘陵地が注目され，1987年に民間の宇治田原工業団地が岩山で分譲された結果，50社以上の企業が進出した。北側の緑苑坂でも2001年から分譲が始まり6社が立地している。また1990年代以降に東西2か所に住宅団地が形成されている。

（岩田）

[参考文献] 徳安浩明 1999．隠田百姓村——中世開発の一例——．植村善博・上野裕編『京都地図物語』古今書院，宇治田原町 1980．『宇治田原町史 第一巻』，同 1988．『同 第二巻』．

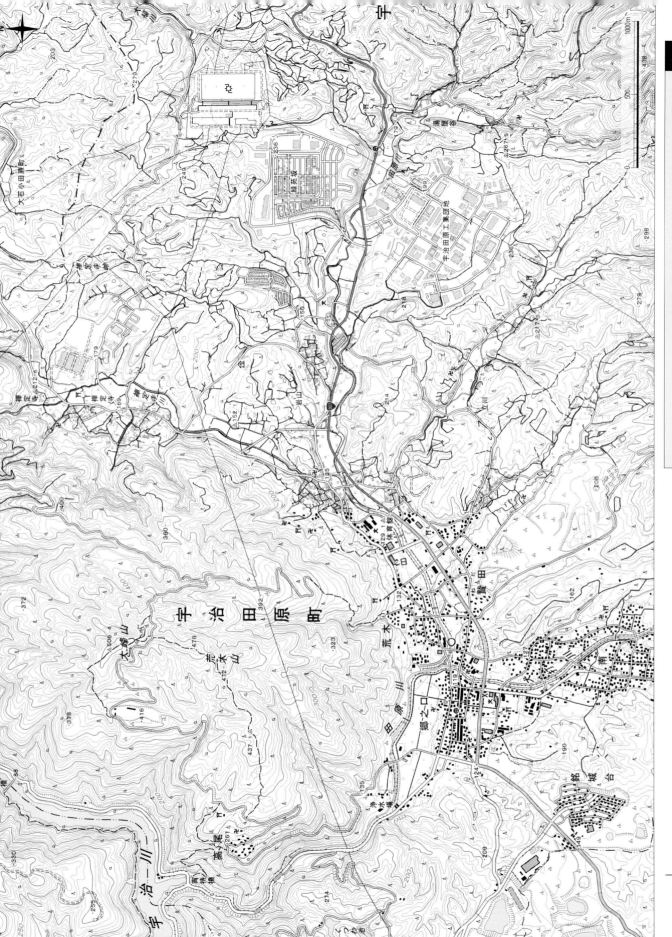

31 宇治田原町 〜山間地を克服する新旧の産業振興〜

32 木津川市木津町・山城町 〜奈良盆地への北の入口〜

図葉：2万5千分の1地形図「田辺」平成28年調製・「奈良」平成27年調製

木津川が北折する地域

　加茂の盆地から西流する木津川は，山城盆地に入ると流れを北に急転する。鹿背山北で狭隘部から出た川は流れを緩め，堆積物をもたらし洪水を引き起こしてきた。屈曲部内側の山城町上狛では，眉型に形成されたポイントバー（蛇行州）が茶園や果樹園に利用され，集落はその一部や内側の低位段丘上に発達している。南側の木津では広い自然堤防上に集落が発達し，その南方の後背湿地は田に利用されている。堤外地で水流を強く受ける南側では帯状の竹林がみられる。これは江戸幕府の命による水防工事で設けられた御立藪の一部とみられる。

　水害は木津川本流および中小河川で頻繁にみられた。なかでも1953年8月14日夜半からの寒冷前線による集中豪雨では，綴喜・相楽両郡で死者・行方不明者336名，重傷者1366名，被災家屋5676戸という甚大な被害がもたらされ，南山城水害として記憶されている。

　続く9月25日の台風13号による暴風雨は，下流の旧巨椋池の干拓地周辺を水没させ，死者3名，全・半壊・流失家屋1201戸という大被害をもたらした。

奈良盆地との関係で重視された地域

　この地は木津川の流れに接し，低平な奈良山丘陵を挟み奈良盆地に隣接する位置にあることで，特徴ある歴史を育んできた。本図内に表示はないが，見通しが良く防御に有利な弥生後期の高地性集落として，山城町の椿井遺跡，木津町の城山（城山台）および上人ヶ平（州見台西側）遺跡が存在する。奈良盆地での大和朝廷の成立と関連するものとしては，3世紀後半と推定され多数の銅鏡等が副葬された山城町の椿井大塚山古墳や，府内最古の古代寺院で渡来系住民の活躍を示す上狛の高麗寺跡などがみられる。

　古くは木津川は「いずみがは」，木津は「泉津」と呼ばれ，「木津」の名は平安以降に定着したようである。7世紀以降藤原京や平城京および大寺院建設の木材が，伊賀・丹波・琵琶湖南北の山地から泉津に運ばれ丘陵を越えた。泉津は，奈良盆地北端から6kmの距離にあることで，淀川水系と繋がる外港の機能を果たした。現JR木津駅北方の上津から西方地域には，寺院の木材を扱う木屋所など泉津の関連施設が立ち並び，用材以外にも

写真32　城山（107m付近）から見た木津市中心部

薪・野菜・塩・海産物などの搬入を担った。

　また恭仁京建設時の右京域を本図左半分の上狛・木津地域に比定するとの研究結果や，幹線道路の東山道と北陸道が泉津付近で渡河するため僧行基が泉大橋を架けたとの記録からは，奈良時代における泉津の重要な役割を推し量れる。橋は8世紀には渡し船に替わったが，架橋時につくられその後も渡河する人々の助けをした泉橋院のなごりは，今も上狛河畔の泉橋寺（図中東側寺院卍）にみられる。続く中世の遺構としては，上狛駅西方の環濠集落や木津川市役所南方の惣墓五輪塔（図中記念碑自）がみられる。その後も木津川の物資輸送の役割は大きく，江戸期には淀を拠点とする淀船や木津川沿岸のみを運航する六ヶ浜船が運航し，柴・綿・茶・瀬戸物などを運搬した。

「けいはんな学研都市」に含まれた地域

　本図で注目されるのは，1970年代以降に開発された木津東部丘陵上の木津・加茂，南部・西部の平城・相楽各ニュータウンという大規模住宅地である。これらは木津高校がある中位段丘，州見台北端にある高位段丘上や，大阪層群という低凝固の地層からなる小起伏の丘陵を造成したものである。さらに1987年の関西文化学術研究都市建設促進法により，隣接する精華町・田辺町（現京田辺市）と共に同都市建設地域に含まれ，愛称「けいはんな学研都市」として住宅と学術研究施設や研究開発型産業施設が立地し大きく地域が変貌した。2007年に木津町・山城町・加茂町の3町が合併し木津川市となった。

（岩田）

[参考文献] 城南郷土史研究会 2013.『やましろ27 特集 南山城水害・台風十三号災害60年』，木津町 1991.『木津町史 本文篇』．

32 木津川市木津町・山城町 〜奈良盆地への北の入口〜

33 木津川市加茂町 〜大都市との近接性で生きる地域〜

図葉：2万5千分の1地形図「田辺」平成28年調製・「笠置山」平成26年調製・「奈良」平成27年調製・「柳生」平成20年更新

木津川が西流する菱形の盆地

　加茂盆地は，標高300m前後の定高性を示す鷲峰山山地の南東側崖麓にある。盆地は南北4km，東西2.5kmの菱形に近い形で，木津川が中央を西流する。右岸側では中位段丘面上を扇状地状に堆積物が覆い，左岸側では大阪層群からなる丘陵の北端に高位段丘がみられる。左岸の大野山，右岸に孤立した流岡山や口畑集落の北にある山地はホルンフェルスからなり，周囲の花崗岩の中に残されたと考えられる。木津川両岸には沖積平野が広がる。このうち加茂町中心部の船屋・新町や出屋敷は自然堤防上にあり，JR関西本線の西側は後背湿地で田になっている。法花寺野対岸の右岸では，自然堤防一帯や崖麓の扇状地には茶畑，後背湿地と扇状地の下部には田がみられ，農業生産の主な舞台となっている。

　本図からは読みとりにくいが，左岸の後背湿地と自然堤防の比高差は1〜3m程度ある。1953年の南山城水害時には，自然堤防端にあった旧役場（加茂駅西方三角点△付近）は床下浸水したが，船屋付近では浸水を免れている。

奈良の隣接地として

　740年から約4年間当地に恭仁京が置かれたことで，加茂は歴史上注目される。地名の「恭仁」は平安初期の『続日本紀』にみえる。「恭仁」は好字で「国」の意味である。他に使用される地名の内，本図には記載がない右岸の「幣原」は甕原として8世紀から使用され，「水泉郷」は平安中期の『和妙類聚抄』に登場している。

　恭仁京の中心の恭仁宮は，木津川右岸の中位段丘上に造られた。平城宮から北東の丘陵を越えて約10kmの距離にあり，宮都から身近な地域であった。大極殿や歩廊は平城宮のものが解体され運ばれた。聖武天皇による国分寺建立の詔は，この恭仁宮から発せられた。しかし743年には恭仁京の造営が停止され，紫香楽宮に移ることになった。この時大極殿は山城国国分寺に寄進された。1976年に，現在の恭仁小学校裏の金堂跡土盤の下に大極殿の基壇と礎石などが発見され，これが恭仁宮復元の基準地となった。

　恭仁京全体の復元は『続日本紀』の「賀世山西道より東を以て左京と為し」という記述等を基に行われている。

写真33　北側山腹から見た恭仁京跡と大野山

鹿背山の頂上が大野山であることから，左京の位置は加茂盆地内にあると考えられた。盆地にある方画の地割りや明治初期まで残存した「坪」地名からは条里遺構も推定され，大極殿から南に伸びる道路を基準として区画の復元もされている。

　平安・鎌倉時代には，盆地の北や南に南都寺院の別所が営まれた。本図南外にある浄瑠璃寺や北の山腹にみえる海住山寺などがそれに当たる。

大阪都市圏の縁辺として

　加茂は，古代から伊賀街道が通じ奈良の北東部の出入口として交通の要所となってきた。1897年には名古屋と大阪を結ぶ関西鉄道の加茂駅ができ，翌年には奈良と結ぶ大仏鉄道の始発駅になった。その後，図外北東方の和束を経て滋賀県方面へ向かうバスの起点ともなった。

　第一次石油危機を経た1979年には，盆地の南側に広がる標高60〜100mの丘陵にニュータウン南加茂台の造成が始まった。面積82.9haに2042戸を建設する計画で，交通環境の整備や自然と住環境との調和を実現する構想が練られた。この南加茂台は大阪労働者住宅生活協同組合（当時）の分譲地で，大阪府内への通勤者が半数を占めていたことから，事実上大阪大都市圏に組み込まれていくことになった。関西本線（大和路線）が1988年に全線電化されると，加茂駅発の快速電車が大阪環状線に直結されるようになり，さらに利便性が高まった。2007年には加茂町は木津町・山城町と合併し木津川市を構成することになった。

（岩田）

[参考文献] 加茂町 1988.『加茂町史 第一巻 古代・中世編』，同 1994.『同 第三巻 近現代史編』．

33 木津川市加茂町 〜大都市との近接性で生きる地域〜

34 精華町 ～国一揆終焉の地が学研都市へ～

図葉：2万5千分の1地形図「田辺」平成28年調製・「奈良」平成27年調製

低地での生活と歴史

　精華町東部には北流する木津川に沿って低地が延び，西部には標高100m前後の丘陵が広がる。沖積平野にはかつての木津川の蛇行によりできた自然堤防や旧河道が存在する。図北部では，丘陵の東側に沖積平野を構成する扇状地がJR線と近鉄線の西側に続き，氾濫原が東方に広がる。図中部の人工改変地の東側の植田付近では，30～90mの高位・中位・低位の段丘が階段状に延び氾濫原と接する。図南部では人工改変地の東側に扇状地と氾濫原が広がる。

　旧来の集落は洪水被害を被らない地域に分布する。下狛・北稲八間・南稲八妻・相楽等の集落が扇状地上に，菅井が低位段丘上に，西北・中・東地区を含む祝園や南方の北之庄が氾濫原内や山田川の自然堤防上にみられる。

　木津川左岸に南北に延びる低地は，古来より交通路として利用され，平城京時代には山陰・山陽道が通された。図北部の里集落南東側の田や小字からは，この時期に施工されたとみられる条里遺構の存在が推定されている。奈良盆地との境となる平城山丘陵中では，平城京建設用の瓦を生産する窯が多く建設され，図南の集落乾谷では瓦窯跡が発掘されている。

　平安時代から中世には，京や奈良の本所や領家に服する荘園となり，祝園荘は藤原氏と春日社，菅井荘は興福寺・春日社，稲八妻荘は摂関家・春日社や石清水八幡宮とそれぞれの支配を受けた。

山城国一揆のシンボルの地

　1467年に始まった応仁の乱では当地に東軍と西軍が侵入し農村は荒廃した。そこで1485年12月11日に，南山城に住む農村武士（国人）や農民（土民）が宇治の平等院で集会をもち，条件付きで東西両軍に撤退をもちかけ，「国中掟法」を決議して国人衆による自治のしくみを整えた。これにより「戦国時代の国民会議」と称される山城国一揆が始まった。

　その後，守護伊勢氏の介入や，国人中心の惣国と土民を主とする惣村の利害対立などが起こった。1493年9月11日には，守護により相楽・綴喜両郡の支配を命じられた古市氏が軍勢を入れ，当地の稲屋妻城に立て籠もった山城国人衆を攻め落とし，国一揆は終焉を迎えた。

写真34　学研都市内の国会図書館関西館

稲屋妻城の位置は北稲八間西方の小字城山（地図表記なし）が有力視されているが，城郭の痕跡は発見されていない。

丘陵の利用と開発

　農業生産での水確保は深刻な問題であった。北の煤谷川の流域は狭く水量が少なく，水確保のため丘陵東の谷間ではため池が造られた。江戸期の記録では，下狛村に8か所，北稲八間村に11か所，祝園村に2か所，植田村に10か所存在していた。丘陵は里山として利用価値が高く，枝木や下草は燃料として利用された。村民は水や山の管理に努めたが，利用権を巡る深刻な争いも生じた。

　この丘陵には大阪層群の砂礫・粘土・火山灰が重層を成している。半凝固層からなる丘陵は人工改変が容易で，戦前には軍の弾薬庫が造られ，近年では住宅・工場・公共施設用地や高速道路用地として利用されている。

　広く近隣市町を含む開発は1970年代に始まった。1978年に学研都市構想が発表され，1987年には関西文化学術研究都市建設促進法により国家プロジェクト化され，愛称「けいはんな学研都市」が誕生した。開発地区は1か所に集中させず，田園風景の中に分散配置させる計画となった。本図では，光台・精華台・木津川台を含む精華・西木津地区や，その南で京都府・奈良県にまたがり桜が丘・兜台・相楽台を含む平城・相楽ニュータウンの現況が読み取れる。

（岩田）

[参考文献] 精華町 1996.『精華町史 本文篇』，精華町 1997.『せいか歴史物語』．

34 精華町 〜国一揆終焉の地が学研都市へ〜

35 笠置町・和束町 〜南山城水害を乗り越えて〜

図葉：2万5千分の1地形図「笠置山」平成26年調製

南山城水害と昭和61年水害

　木津川は，笠置山地を流れる間，深い峡谷を形成している。例えば，地図中，風隙地形がみられる木屋峠は標高200mほどであり，木津川河床の標高が約40mなので，160m以上を侵食している。このため木津川谷壁は急斜面となっている。笠置山付近の笠置トンネル上の鞍部は，木津川河谷東部から続く木津川断層が形成した断層鞍部とよばれる地形で，断層運動による破砕帯が侵食され形成されたものである。笠置山地の多くは花崗岩類よりなっているが，一部，泥岩やホルンフェルスなどの地域もみられる。花崗岩類は，風化が進むとボロボロになりマサ化しやすく侵食されやすい。

　木津川流域の南山城地域では，過去に幾度となく大雨による被害が発生している。中でも1953年8月15日に起こった「南山城水害」は，記憶にも記録にも残る大惨事となった。京都府南部の相楽，綴喜地方で，死者・行方不明者は336人，重傷者は1366人，被災家屋は5676戸に達した。この水害では，山崩れによって生じた大量の土砂が土石流となって，家屋・田畑を埋没させ，多くの被害が生じた。当時の様子を知る地区住民は，様々な場面で当時の様子を今も語り継いでいる。また，和束町の小学校社会科の副読本では多くのページを割いて，南山城の水害について紹介し，次世代に語り継ぐ工夫がされている。

写真35a　木屋の土石流（1986年7月撮影）

　1986（昭和61）年7月21日にも，木津川沿いの多くの支谷で土石流が発生し，木津川沿いの和束町から笠置町にかけて大きな被害が出た。中でも被害が大きかったのが和束町木屋集落である。木屋は，和束町役場から木津川河谷に通じる府道62号線と木津川沿いの国道163号の合流点に位置する集落で，35戸が木津川沿いの緩傾斜地に軒を並べていた。北側の山地からは数本の谷が木津川に合流し，集落はその支流が形成した小さな扇状地上にのる。発生した土石流は木屋の集落を飲み込んだが，一人の人的被害者も出なかった。当時の木屋区長と地元消防団員が，地域のサイレンを鳴らすとともに消防車により避難を呼びかけた。さらには消防団員が各戸の表戸をたたいて避難勧告にまわり，子どもや老人を背負うなどして退避した。結果，区民全員152人が集落中心部のバス停に避難し，間一髪で，被害を免れた。

切山の地すべり地形

　JR笠置駅対岸の，木津川河谷北斜面には等高線の間隔がまばらな緩傾斜の地形がみられる。この緩斜面には棚田が築かれ家屋が点在する。切山の地すべり地形である。

写真35b　切山の地すべり地形

　笠置山地は花崗岩類が卓越するが，この切山周辺は花崗岩類の貫入により熱変性作用を受けた変成泥岩や変成チャートなどからなる。当地では断層運動の影響による地質の脆弱化や花崗岩との接触による粘土化，地形と地層が同じ方向に傾いている流れ盤構造などにより，地すべり地形が形成されたことが指摘されている。地すべり地形は上方では平面的には馬蹄形・円弧状の滑落崖が形成され，滑った土塊は移動体となって下方に緩斜面をつくる。地すべり地は，緩斜面では湧水もあるため，棚田として利用されることが多い。
　　　　　　　　　　　　　　　　　　　　（山脇）

[参考文献] 山口巌他 2009．大規模地すべり形成過程の一考察——京都府相楽郡笠置町の切山地区地すべりを事例として——．領家変成岩地帯における大規模地すべり論文集．山脇正資 2015．土石流被害者ゼロの集落——防災・減災に成功した事例 地理60(11)．

35 笠置町・和束町 〜南山城水害を乗り越えて〜

36 南山城村 〜断層崖で隔てられた高原と河谷〜

図葉：2万5千分の1地形図「笠置山」平成26年調製・「島ヶ原」平成28年調製

断層崖と渓谷

　本図中央部には北の山地と南の低地部との間に，東西方向の比高約400mの急斜面がみられる。これは花崗岩類でできた北部の信楽山地が南部の盆地側にのし上がる逆断層により形成された断層崖で，三重県西部の伊賀市から本図西の笠置町に至る全長約31kmの木津川断層帯の運動により形成されたものである。信楽山地には隆起準平原という小起伏の山地がみられる。これは長期の侵食によりできた地形が地殻変動で持ち上げられたと考えられている。急崖の南には標高200〜300mの砂礫層からなる丘陵や花崗岩類からなる小起伏の山地がみられ，その間を高山ダムから出た名張川を合流した木津川が西へ流れている。合流部付近は夢絃峡と呼ばれる深い峡谷がみられる。これは周囲の山地が隆起することで，元の流路が下刻して形成されたと考えられている。

　木津川の河谷は古来より交通の要路となっている。南大河原の西にみられる直線状の谷には，木津川断層帯の西部に当たる島ヶ原断層の一部が通る。奈良時代には山背国（当時）から伊賀国に至る古い東海道が通じていたとされ，現在鉄道と道路が併走している。

写真36　高山ダムから見た丘陵と信楽山地の断層崖

木津川水運の起点

　木津川は山城国や上流の伊賀国の物資運搬の大動脈となってきたが，中世以前の河川利用の詳細は不明となっている。江戸時代には，幕府により船の運航が許可制となり，本図西に当たる笠置まで淀船と上荷船と呼ばれる運搬船が運航していた。淀船は淀川や木津川の全域の浜での積み下ろしが，上荷船は淀への下りの運送のみが許可されており，後者の上りは空船であった。中流の木津から上流には，15石積み程度の帆掛け船が上がってきた。笠置から本図中央の南・北大河原浜までは大型船は入れず，長さ6m程度の小型の高瀬船が利用された。

　大河原から下りの船では木柴や木炭，信楽焼や茶を，上りでは塩や干鰯等の肥料を運んだ。ただし笠置浜では大型の船に積み替えるという煩瑣な作業を要した。大河原から上流では，浅瀬に阻まれて船や筏の自由な航行が困難であった。木津川河谷に位置した大河原は，南の柳生・名張・月ヶ瀬，東の伊賀上野，北の多羅尾・信楽などの各方面を水路と陸路を繋ぐ重要な役割を果たした。

童仙房の開拓

　本図中の標高約500mの野殿は，江戸時代には崖下の大河原と北の信楽山地の集落とを結ぶ中継地の役割を担っていた。他方，野殿の西方に「番」が付く地名がみえる。明治初年に京都府が開拓を始めた童仙房で，土地や農具を無償貸与して入植者を募集した地域である。1871年には，小集落9か所に162戸，560人の居住があると府から国に報告された。しかし実際には入植希望者を募るのに士族授産としても行われた。

　同地では稲・茶・桑・楮・櫨などが栽培可能で良質の陶土も産出したが，作物が収益を上げるまで時間を要すことや鳥獣害の発生などから生活困窮に陥り，立ち退く者が続出した。粗末な住宅の改良も難しく，交通の不便さからくる教育や医療面の環境改善も進まなかった。

　府は開拓を進めるため，1872年に童仙房に相楽郡全域と綴喜郡32か村を管轄する支庁を置いたが，7年後には再び支庁を木津（現木津川市）に移動した。1897年時点の居住は，58戸，333人に縮小し，田畑は当初から4割減少した。

　1933年になり大河原から林道が開通し，荷車による木材や薪炭の搬出が初めて可能となった。電灯の点灯は1948年，舗装道路の開通は1968年になった。戦後入植した住民もあり，2017年11月現在同地には85世帯187人が居住し，府内有数の茶産地のひとつとなっている。

（岩田）

[参考文献] 乾幸次 1987.『南山城の歴史的景観』古今書院．南山城村 2005.『南山城村史 本文編』．

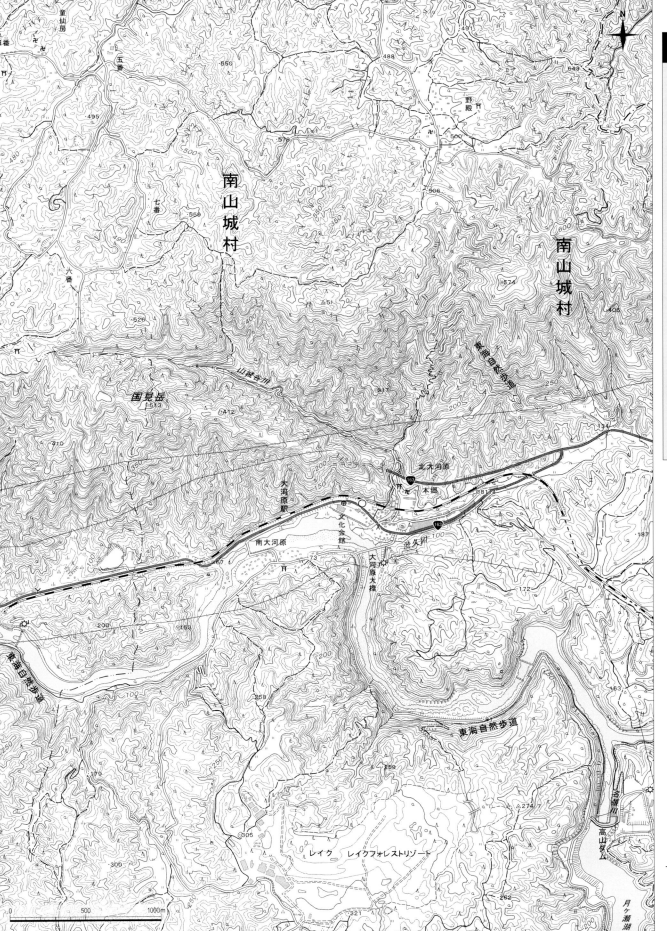

索引・用語解説

ア 行

右岸・左岸【4, 14, 20, 22, 30, 38, 42, 48, 50, 58, 60, 62, 68, 70】河川を下流に向かってみたとき，右側を右岸，左側を左岸という。

大阪層群【44, 46, 52, 56, 58, 60, 62, 66, 68, 70】大阪平野，奈良盆地，京都盆地，播磨平野，淡路島や大阪湾周辺の丘陵と，その地下に分布する，およそ300万年前から30万年前の平野や盆地，浅い海に堆積した，砂や礫，泥などからなる地層。地層にはさまれた火山灰などから，堆積した年代や地層の上下関係の究明が進むようになった。丘陵を構成する場合は，改変が比較的容易であることから住宅地や工場用地などへ造成されることが多い。

オフィオライト (ophiolite)【16】橄欖岩・蛇紋岩などの超苦鉄質岩，斑糲岩・玄武岩などの苦鉄質岩，チャートなどからなる一連の層序で，上部マントルから海洋地殻，深海での堆積岩からなるため，海洋プレートが陸にのりあがったものとみなされる。

カ 行

海岸段丘【8, 10】→図A

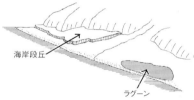

図A 海岸段丘・ラグーン（山脇図）

海食崖【10】→図B

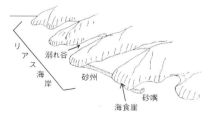

図B リアス海岸等（山脇図）

火山灰【6, 8, 16, 70】マグマ起源の火山噴出物のうち，一般に直径2mm未満のものをいう。京都府内では，各地で広域火山灰が発見されている。このうち約7千3百年前に降下した鹿児島県鬼界カルデラ噴出のアカホヤ火山灰，約2万9千年前に鹿児島県の姶良カルデラから噴出したAT火山灰，約6万年前に鳥取県大山から噴出したDKP（大山倉吉軽石）などが有名である。

写真1 火山灰（大江山北西麓露頭，白い層）

活断層【6, 42, 46, 48, 50】断層のうち，過去数10万年前から現在の間に繰り返し活動し，今後も動く可能性のある断層をいう。

環濠集落【4, 58, 60, 66】中世の防御的集落で，堀（濠）を造り村落を環状に取り囲んだものである。集落内には，丁字路や環状路・袋小路など防御を想起させる道路がみられる。環濠は，灌漑・排水・遊水池・防火・防水などにも役だった。都市化の進行で環濠や土塁が失われつつあるが，集落内の道路や小字名に当時の名残を示すものがある。弥生時代〜古墳時代の集落遺跡としての環濠集落とは区別されている。

逆断層【74】断層面の上側が上方にずれる断層。両側から圧縮されて形成される。上側が下方にずれる断層は正断層という。→図C

図C 逆断層・正断層（山脇図）

黒ボク土【28】火山灰や軽石が元になった土壌。名は「黒くて，ぼくぼくとした土」という特徴に由来する。「ぼくぼく」とは粘り気の無い様子を表す。肥料分となるリン酸は，黒ボク土に含まれる活性アルミニウムと結合し作物に吸収されにくくなる。リン酸の欠乏で作物栽培に不利となる場合は，石灰質資材や有機物などが施用される。

高位段丘【22, 24, 30, 32, 34, 38, 40, 50, 56, 62, 66, 68】→「段丘」

後背湿地【6, 26, 30, 50, 62, 66, 68】→図D

図D 自然堤防等（植村1999）

サ 行

砂州【6, 8, 12】砂礫の州が湾口を塞ぐように堆積したもの。海岸線に平行した砂礫の堆積地形（沿岸州）も砂州と呼ぶ場合がある。（→図B）

残丘【8, 40】侵食から取り残された丘。風化・侵食がすすみ，地表がほぼ平坦な地形（準平原）となる中，地表面から突出した丘が残ったものをいう。岩石が硬く侵食から取り残された場合は堅牢残丘，分水界付近に形成されるものを遠隔残丘と呼ぶ。

三角末端面【38】断層崖の開析により，尾根の末端が三角形の形で残った急崖をいう。（→図E）

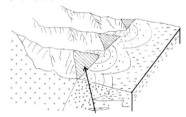

図E 三角末端面（山脇図）

地すべり【10, 14, 16, 72】地震や降雨，融雪水などにより，土塊や岩盤が緩慢且つ集合的に下方へ移動する現象を地すべりと呼び，これによって形成された地形を地すべり地形という。同地形は，上方に平面的には馬蹄形・円弧状の滑落崖，下方には滑った土塊が移動体となって形成された緩斜面がワンセットになった特徴をもっている。地すべりは，粘土層をすべり面とし，地下水の影響を受けて形成されたものが多く，普段は移動していない地すべりも，大雨や地震時，融雪時に再移動することがある。

自然堤防【24, 26, 30, 52, 58, 60, 62, 66, 68, 70】洪水時の堆積物が，河川沿いに堆積した微高地。主に砂やシルトからなる。（→図D）

小起伏面【72】地盤が安定している地域で山地の侵食が長い年月を経て進み，低平で小起伏になった地形を準平原と呼ぶ。この準平原が隆起し，高所に持ち上げられた地形を隆起準平原と呼ぶ。山地の中で，山頂や尾根付近にある標高差の小さな低起伏の山地面は，必ずしも準平原が隆起して形成されたものばかりとは限らないため，小起伏面という語句を使う場合も多い。

縄文海進【18, 20】地殻変動や氷河の消長による海水準の変動により，陸地に海水が進入したり陸側に海岸線が前進することを海

進という。縄文海進とは，約1万年前の縄文早期に始まり約6千年前の縄文前期に最盛期を迎えた海進のことで，世界的な温暖化の時期と重なる。貝塚の分布から海岸線の復元が行われ，海水準は現在より約2m以上高かったと推定されている。

条里遺構【58, 60, 68, 70】8世紀中頃に成立した土地区画制度を条里制という。耕地を1辺1町（約109m）の方格（坪）に区画し，6町四方を里または坊と呼んで最大の単位とした。里を東西南北に並べて縦に一条・二条，横に一里・二里と数え，1里を36坪に分けて一から三六の坪まで千鳥式か平行式かで地番を付け，何条何里何坪という条里呼称を用いた。関連学会では規則的な条里地割と条里呼称法のみに注目する条里プランという用語を使用し，同プランに基づく地割の遺構を条里遺構と呼んでいる。

新生代【28】→「地質時代」

水準点【14, 28, 32, 38】国土地理院は東京湾の平均海面を0mの基準面とし基準面からの高さを標高としている。水準点は，全国の国道（含測量時）や主要街道沿いに柱石又は金属標の形状のものが約2km間隔に埋設されている。高さは日本水準原点に基づく水準測量で求められ，その地域における測量での高さの基準とされる。なお海抜は近隣の海面からの高さのことである。

写真2　水準点（京阪藤森駅南西方 25.3m）

潟湖【6, 8】→「ラグーン」

先行谷【38, 64】河川の流路が変わることなく中流域や下流域が隆起した際，隆起した地域で，河川による侵食がすすみ，隆起した山地を横断するように形成された深い谷。この谷を流れる河川を先行河川と呼ぶ。また，隆起する以前の流路が曲流していると，隆起に伴い曲流したまま基盤岩を侵食して河川が流れることになる。このような蛇行を穿入蛇行という。

扇状地【4, 14, 34, 38, 40, 42, 44, 46, 50, 52, 56, 58, 60, 62, 64, 68, 70, 72】河川が，山地から平野に出てきたところに形成される，主に砂礫よりなる緩傾斜の堆積地形。谷口を要とし下流側に扇型にひろがることが多い。扇状地の要の部分を扇頂，中央部を扇央，扇状地の端を扇端と呼ぶ。（→図F）

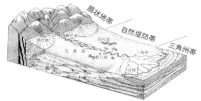

図F　扇状地帯等（植村 1999）

穿入蛇行【48, 56】→「先行谷」

惣構【22, 40, 52】城の本丸や二の丸だけでなく，家臣団や町人の居住区を防御するため，城下町の外周を塀や土塁，櫓，石垣，水堀や空堀などで囲い込んだ防御施設，またはそれに囲まれた内部のことをいう。「総構」・「総曲輪」・「総郭」などとも記される。戦国時代に自治を行った京都や堺，寺内町などに始まり，織田信長の時代に畿内や東海・北陸の城下町に造られた。

タ行

第四紀【28】→「地質時代」

段丘【4, 6, 8, 10, 22, 24, 26, 28, 30, 32, 34, 36, 38, 40, 44, 46, 50, 52, 56, 58, 60, 62, 64, 66, 68】河川沿いや海岸沿いの階段状の地形を段丘といい，平坦な面（段丘面）と急な崖（段丘崖）のセットからなる。河川沿いの段丘は河岸段丘（河成段丘），海岸沿いの段丘は海岸段丘（海成段丘）と呼ばれる。段丘面は，高度や形成年代，風化の度合いなどから一般に高位・中位・低位の3種類に分類される。本書では，高位段丘は約30～20万年前，中位段丘は約13～8万年前に，低位段丘は約7～1万年前に形成されたものとし，それぞれの段丘面を高位面，中位面，低位面と呼ぶ。地球は約10万年周期で温暖期（間氷期）と寒冷期（氷期）が繰り返されてきている。最終氷期の最寒冷期は約2万年前で陸上に氷河が発達したことから，海面が100m以上低下した。最終間氷期の最温暖期は約13～12万年前にあったとされ，現海面よりも少しだけ海面は高かったとされている。段丘地形は，気候や海面の高さの変化，地殻運動などの影響で形成される。

段丘崖【8, 24, 34, 62】→「段丘」

断層角盆地【38】断層崖と傾動した地塊に挟まれた盆地をいう。（→図G）

図G　断層角盆地（山脇図）

地質時代　地球の歴史で地殻形成以前の時代と人類の文化活動が展開される歴史時代の間に当たる時代。岩石や生物の化石に基づき，先カンブリア時代・古生代・中生代・新生代に分類される。地質時代は大きな単位から代・紀・世・期と区分され，各時期に堆積した地層は界・系・統・階と呼ばれる。例えば年代層序区分として，新生界・第四系・完新統などと表される。

地質系統・年代
日本地質学会HPより抜粋（2018/7）

			（年代／年前）
新生代	第四紀	完新世	現在
		更新世	1.17万
	新第三紀	鮮新世	258万
		中新世	533.3万
	古第三紀	漸新世	2303万
		始新世	3390万
		暁新世	5600万
中生代			6600万
古生代			2億5190万
先カンブリア時代			5億4100万
			46億

中位段丘【6, 8, 26, 30, 34, 58, 60, 62, 66, 68】→「段丘」

中・古生界【30, 46, 60, 62, 64】→「地質時代」

沖積低地【8, 10, 12, 28】→「沖積平野」

沖積平野【18, 20, 30, 32, 36, 38, 50, 58, 64, 68, 70】約2万年前の最終氷期最盛期の海面低下期以後，海面が上昇し，河川が砂礫やシルトなどを運搬・堆積して形成された平野。一般に上流から海側に向けて扇状地帯・自然堤防帯・三角州帯の順に配列する。本書では，扇状地・自然堤防を除く沖積平野を，低地を形成することから沖積低地と呼ぶ。

低位段丘【4, 22, 24, 30, 34, 36, 38, 50, 62, 64, 66, 70】→「段丘」

DKP（Daisen Kurayoshi Pumice）【6, 8】→「火山灰」

デルタ（delta，三角州）【14】河川が河口付近で主に海岸線を前進させながら砂泥を堆積させて，形成された低平な地形をいう（→図F）。

天井川【56, 58, 62】周囲の平野面より河床面が高くなった河川。砂礫の供給量が多い河川で，堤防により河道を固定すると，河床面が上昇して形成される。一度，天井川が形成されると，洪水時に氾濫の危険性が増し，さらに堤防の高さを高くして河床に砂礫が堆積すると，天井川の河床はさらに高くなる。

ハ行

バッドランド（badlands）【58】悪地地形ともいう。植物が乏しく，複雑に入り組んだ谷や急崖と鋸歯状の山背などからなる荒れた土地である。未凝固の粘土質の岩質で，著しい乾季で時に強雨が見舞うような気候条件下にある地域にみられる。植生の破壊には人為的要因によるものがあり，土壌侵食などの環境問題が生じることがある。

氾濫原【4, 20, 22, 26, 30, 38, 44, 50, 52, 58, 62, 64, 70】洪水時に水が河道から溢れ，氾濫し浸水する範囲の平野を指す。（→図F）

77

浜堤（ひんてい）【6】→図H

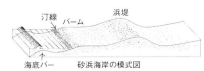

図H　浜堤（山脇図）

風隙地形【14, 35】水流のない谷地形で，一般には，断層運動や河川争奪により，かつて河道であったところが尾根上のくぼみとして残っている地形。尾根上には河床堆積物が残っていることが多い。

ポイントバー（point bar）【66】蛇行した河川の凸部の内側に形成される堆積地形。蛇行州ともいう。（→図D）

マ 行

末端膨隆丘【20, 52, 54, 58】図Gに示した地塁とは別に，断層運動によって周辺より盛り上がった地形を膨隆丘という。横ずれ断層の末端部では，圧縮により膨らみが生じることがあり，これを末端膨隆丘という。

ヤ 行

遊水地（池）【20, 38, 52, 54, 58】洪水などの出水時に被害を少なくするため，河川周辺で一時的に水を貯める目的で設ける土地や池。河川敷や氾濫原内の低地や湿地で，周囲に堤防が造られることが多い。森林や草地だけでなく耕作地になっているところもある。

横ずれ【6】→図I

図I　横ずれ断層（山脇図）

断層のうち，水平方向にずれている場合を，横ずれ断層と呼ぶ。断層の手前に立ち，断層の向こう側が右にずれている断層を「右ずれ」，左にずれているものを「左ずれ」という。

ラ 行

ラグーン（lagoon）【14】砂州の発達などにより浅海が外海と境されて形成された湖沼をいう。潟湖・海跡湖ともいう。一般に外海とは，狭い水路でつながっているものが多い。（→図A）

ランドマーク（landmark）【8】その地域の景観で目印となる対象物をさす。国や地域を象徴するような建造物や町並みなどの空間，あるいは広い地域の中で目印とされる自然物や事象も含まれる。京都における比叡山やJR京都駅，大阪における生駒山やあべのハルカスなどが相当する。

リアス海岸（ria coast）【18, 20】沈水海岸の一形態で，開析されたV字谷が溺れ，尾根の部分が半島や岬となった，出入りの激しい海岸をいう。（→図B）

離水海岸【10】地盤の隆起や海面低下など，相対的に陸地の高度が増し，海底が海面上に現れて形成された海岸。逆に，相対的に陸地の高度が低下する海岸を沈水海岸という。

隆起準平原【32, 74】→「小起伏面」

レス（loess）【6, 8】乾燥地域や氷河末端から風で運ばれる，粒径の小さな淡黄色ないし灰黄色の風成塵とその堆積物。中国では黄土高原に厚く堆積し，日本まで飛んできたものは黄砂と呼んでいる。ヨーロッパでは氷河性堆積物起源のものが多い。

地名（主なもの）

ア 行

赤石ヶ岳（あかいしがだけ）【16】
浅茂川湖（あさもがわこ）【6】
阿蘇海（あそかい）【12, 14】
天橋立（あまのはしだて）【12, 14】
余部（あまるべ）【18】
網野（あみの）【6】
綾部（あやべ）【20, 30, 32, 36】
菖蒲塚（あやめづか）【30】
嵐山（あらしやま）【48, 56】
伊佐津川（いさづがわ）【20】
伊勢田（いせだ）【58】
磯清水（いそしみず）【12】
井手（いで）【62】
犬打川（いぬうちがわ）【64】
伊根（いね）【10, 18】
飯岡（いのおか）【62】
岩滝（いわたき）【12, 14, 16】
岩山（いわやま）【64】
宇治（うじ）【38, 52, 54, 56, 58, 64, 70】
宇治川（うじがわ）【52, 54, 56, 58, 64】
宇治田原（うじたわら）【64】
宇治橋（うじばし）【52, 56】
太秦（うずまさ）【48】
馬堀（うまほり）【38】
浦嶋神社（うらしまじんじゃ）【10】
江尻（えじり）【12】
御池通（おいけどおり）【42】
黄檗山万福寺（おうばくさんまんぷくじ）【56】
黄檗断層（おうばくだんそう）【46】
大堰川（おおいがわ）【36, 38】
大江（おおえ）【26】
大江山（おおえやま）【14, 16】
大河原（おおかわら）【74】
大久保（おおくぼ）【58】
大沢池（おおさわのいけ）【48】
大手川（おおてがわ）【12, 20】
大福川（おおぶくがわ）【64】
大山崎（おおやまざき）【54】
岡崎（おかざき）【42】
巨椋池（おぐらいけ）【52, 54, 56, 58, 60, 66】
長田野（おさだの）【24】
長田野台地（おさだのだいち）【24, 30】
乙訓（おとくに）【50】
男山（おとこやま）【54, 60】
小畑川（おばたがわ）【50】

カ 行

笠置（かさぎ）【72, 74】
笠置山地（かさぎさんち）【72】
葛野浜（かずらのはま）【8】
鹿背山（かせやま）【66, 68】
樫原（かたぎはら）【50】
樫原断層（かたぎはらだんそう）【48】
帷子ノ辻（かたびらのつじ）【48】
桂川（かつらがわ）【34, 38, 42, 48, 50, 54】
兜山（かぶとやま）【8】
上狛（かみこま）【66】
亀岡（かめおか）【34, 36】
亀岡断層（かめおかだんそう）【34, 38, 44, 48】
加茂（かも）【66, 68】
鴨川（かもがわ）【40, 42, 44】
賀茂川（かもがわ）【42】
加悦（かや）【12, 14, 16】
烏丸通（からすまどおり）【42】
河原町通（かわらまちどおり）【42】
観月橋（かんげつきょう）【52】
勧進橋（かんじんばし）【44】
寛文新堤（かんぶんしんてい）【42, 44】
祇園（ぎおん）【42】
北稲八間（きたいなやづま）【70】
北吸（きたすい）【18】
北野天満宮（きたのてんまんぐう）【40】
木津（きづ）【66, 68, 74】
木津川（きづがわ）【54, 56, 58, 60, 62, 64, 66, 68, 70, 72, 74】
木津川断層（きづがわだんそう）【72, 74】
旧安祥寺川（きゅうあんしょうじがわ）【46】
京田辺（きょうたなべ）【62, 64, 66】
清水寺（きよみずでら）【44】
切山（きりやま）【72】
九条通（くじょうどおり）【44】
久津川（くつかわ）【58】
恭仁京（くにきょう）【68】
州見台（くにみだい）【66】
久美浜（くみはま）【8】
久美浜湾（くみはまわん）【8】
久御山（くみやま）【54, 58】
けいはんな学研都市（けいはんながっけんとし）【66, 70】
上津屋（こうづや）【58】
興戸（こうど）【62】
郷村断層（ごうむらだんそう）【6】

小桜町（こざくらまち）【36】
五条大橋（ごじょうおおはし）【44】
琴引浜（ことひきはま）【6】
胡麻（ごま）【34】
胡麻高原（ごまこうげん）【34】
高麗寺跡（こまでらあと）【66】
蒲生（こも）【32】
蒲生野（こもうの）【32】
木屋（こや）【72】
五老岳（ごろうだけ）【20】

サ　行

相楽台（さがなかだい）【70】
嵯峨野（さがの）【48】
佐濃谷川（さのたにがわ）【8】
佐山（さやま）【58】
三段池公園（さんだんいけこうえん）【22】
信楽山地（しがらきさんち）【74】
四条通（しじょうどおり）【42】
志高（しだか）【26】
七条通（しちじょうどおり）【44】
篠村八幡宮（しのむらはちまんぐう）【38】
島ヶ原断層（しまがはらだんそう）【74】
下奈良（しもなら）【60】
須知（しゅうち）【19,32】
城陽（じょうよう）【58,64】
城山（しろやま）【66】
新町（しんまち）【34】
煤谷川（すすたにがわ）【70】
精華（せいか）【66,70】
園部（そのべ）【32,34,36,38】

タ　行

大覚寺（だいかくじ）【48】
大吉山（だいきちやま）【56】
醍醐山地（だいごさんち）【46,56】
醍醐寺（だいごじ）【46】
多賀（たが）【62】
高瀬川（たかせがわ）【44,52】
高野川（たかのがわ）【20,42】
宝山（田倉山）（たから（たくら）やま）【28】
建勲神社（たけいさおじんじゃ）【40】
竹野川（たけのがわ）【4,14】
田辺城（たなべじょう）【20】
玉川（たまがわ）【62】
玉水（たまみず）【62】
田原川（たわらがわ）【64】

丹波自然運動公園（たんばしぜんうんどうこうえん）【32】
中書島（ちゅうしょじま）【52】
椿井大塚山古墳（つばいおおつかやまこふん）【66】
寺田（てらだ）【58】
天王山（てんのうざん）【54】
童仙房（どうせんぼう）【74】
渡月橋（とげつきょう）【48】
鳥羽（とば）【44,52】

ナ　行

長池（ながいけ）【26,58】
長岡京（ながおかきょう）【50】
長岡八幡宮（ながおかはちまんぐう）【50】
南加茂台（ながもだい）【68】
雙ヶ岡（ならびがおか）【48】
南禅寺（なんぜんじ）【42】
並松町（なんまつちょう）【30】
西一口（にしいもあらい）【54】
西本願寺（にしほんがんじ）【44】
二条城（にじょうじょう）【42】
布引滝（ぬのびきのたき）【10】
野田川（のだがわ）【12,14,16】

ハ　行

函石浜遺物包含地（はこいしはまいぶつほうがんち）【8】
土師川（はぜがわ）【22】
花折断層（はなおれだんそう）【42】
離湖（はなれこ）【6】
浜（はま）【18】
東一口（ひがしいもあらい）【54】
東本願寺（ひがしほんがんじ）【44】
東山（ひがしやま）【44,46,60,66】
聖塚（ひじりづか）【30】
広沢池（ひろさわのいけ）【48】
琵琶湖疏水（びわこそすい）【42,46,52】
深草（ふかくさ）【52】
福知山（ふくちやま）【18,20,22,24,26,28,30,32,36】
藤森（ふじのもり）【52】
伏見（ふしみ）【44,46,52,54,56,60】
伏見桃山陵（ふしみももやまりょう）【52】
船岡山（ふなおかやま）【40】
防賀川（ぼうががわ）【60,62】
祝園（ほうその）【70】
保津峡（ほづきょう）【38,44,48】

洞ヶ峠（ほらがとうげ）【60】
濠川（ほりかわ（ごうかわ））【52】
本梅川（ほんめがわ）【36】

マ　行

舞鶴（まいづる）【4,18,20,22,24,26,32】
舞鶴湾（まいづるわん）【18,20】
牧川（まきがわ）【28】
槇島（まきしま）【56】
松原通（まつばらどおり）【44】
丸太町通（まるたまちどおり）【48】
丸山（まるやま）【34】
三重（みえ）【14】
弥陀次郎川（みだじろうがわ）【56】
湊宮（みなとみや）【8】
南山城（みなみやましろ）【64,70,74】
峰山（みねやま）【4,6,14】
美濃山（みのやま）【60】
宮津（みやづ）【12,14,62】
宮津城（みやづじょう）【12】
三山木（みやまき）【62】
向日（むこう）【50】
物集女（もずめ）【50】
桃山（ももやま）【52】
文珠（もんじゅ）【12】

ヤ　行

夜久野（やくの）【28】
夜久野高原（やくのこうげん）【28】
山科（やましな）【44,46,56】
山科川（やましながわ）【46,56】
山科本願寺（やましなほんがんじ）【46】
山城（やましろ）【46,64,66,68】
山田断層（やまだだんそう）【12,14】
八幡（やわた）【54,60】
湯屋谷（ゆやだに）【64】
由良川（ゆらがわ）【22,24,26,30,32,34,36】
吉田（よしだ）【42】
吉田山（よしだやま）【42】
吉原（よしわら）【4】
淀（よど）【54,60,66,74】
淀城（よどじょう）【54】
与保呂川（よほろがわ）【18】

ワ　行

和知（わち）【34】
和束（わづか）【64,72】

参考文献について（掲載順不同）
※解説の末尾の［参考文献］は主なものを示している。なお，次の文献・Web情報は各地域において参考にした。

京都府『土地分類基本調査』2010.『網野・冠島』・1997.『宮津』・1992.『大江山・出石』・1990.『舞鶴・丹後由良』・1986『福知山・但馬竹田・篠山』・1986.『綾部』・1985.『園部・広根』・1981.『京都西北部』・1984.『京都東北部・京都東南部・水口』・1983.『大阪東北部，奈良，上野』，1981.『日本歴史地名大系第26巻 京都府の地名』平凡社，1979.『同第27巻 京都市の地名』，経済企画庁 1972.『土地分類基本調査 京都西南部』Web版，京都HP『京都府レッドデータブック2015 地形』，京都府HP「平成27年京都府統計書」，京都市HP「京都市統計書 平成28年版」，京都府内　各市町村HP．植村善博 1999.『京都の地震環境』ナカニシヤ出版.

あとがき

　地図には想像力をかきたてる魅力がある。現在，この地図の世界が大きく変化しようとしている。従来使用されてきた紙製の国土地理院発行の2万5千分の1地形図が，パソコン・スマホで手軽に表示ができる地理院地図に替わろうとしている。データによる使用環境下で，閲覧したい地域の選択や縮尺の変更が簡単になるなどの利点から，地理院地図の使用は益々増えてくると予想される。また，高等学校において地理が必修になって地図に関する学習機会が増し，これまで以上に多様な機会に，地形図や多彩な地図を活用する場面が増加すると考える。他方，地図で示されるのはこれまで通り地域である。ことに生活の場としている身近な地域は，地図を読むと新たな情報が得られ，再発見に繋がる。今回私たちは，知っているようで知らない京都府内の市町村について，どこに注目し何を観れば新たな気づきが生まれるかを，あえて，従来の紙製地形図にこだわって表してみた。本書を読まれて，地域や地図に関心を持たれる方が増えれば幸いである。

　最後に，本書の企画段階から出版に至るまで励ましとご助言をいただいた佛教大学名誉教授植村善博先生と，地形図や文章の複雑な編集と何度もの修正に快く応じ書籍としてまとめていただいた海青社代表の宮内久氏，同編集部の福井将人氏には，あつくお礼を申し上げたい。

　　2018（平成30）年12月

　　　　　　　　　　　　　　　　　　　　　　　　　　　山脇　正資（京都府立嵯峨野高等学校）

【著　者】

岩田　貢　いわた　みつぐ

1950年京都府生まれ。京都教育大学教育学部卒。龍谷大学法学部教授（教職課程）。編著に『防災教育のすすめ―災害事例から学ぶ―』古今書院 2013，共著に『京都地図絵巻』古今書院 2007，『京都学を楽しむ』勉誠出版 2010，『京都地名語源辞典』東京堂出版 2013，『地名が語る京都の歴史』東京堂出版 2016 など。

山脇　正資　やまわき　まさし

1963年京都府生まれ。京都教育大学教育学部卒。京都府立嵯峨野高等学校教諭（地理歴史科）。京都府「土地分類基本調査」地形分類を担当。「地理教材研究会」事務局を担当。編著に『防災教育のすすめ―災害事例から学ぶ―』古今書院 2013，共著に『京都地図物語』古今書院 1999，『京都府レッドデータブック 2015』京都府 2015，『図説　京丹後市の自然環境』京丹後市 2015，など。

Kyoto Unbound - Unlocking Her Secrets Through Maps by IWATA Mitsugu and YAMAWAKI Masashi

ちずでみるきょうと　しられざるまちのすがた
地図でみる京都 ── 知られざる町の姿

本書のHP

発 行 日	2019年1月10日 初版第1刷
定　　価	カバーに表示してあります。
著　　者	岩田　貢・山脇　正資
発 行 者	宮内　久

海青社
Kaiseisha Press

〒520-0112 大津市日吉台2丁目16-4
Tel. 077-577-2677 Fax. 077-577-2688
http://www.kaiseisha-press.ne.jp/
郵便振替　01090-1-17991

● Copyright © 2019　ISBN978-4-86099-344-3　C0025　● Printed in Japan　● 乱丁落丁はお取り替えいたします。
● 本書のコピー、スキャン、デジタル化等の無断複製は著作権法上での例外を除き禁じられています。
本書を代行業者等の第三者に依頼してスキャンやデジタル化することはたとえ個人や家庭内の利用でも著作権法違反です。

本書に掲載の地図は、国土地理院長の承認を得て、同院発行の2万5千分1地形図を複製したものである。
　　　　　　　　　　　　　　　　　　　　　　　　　　　　　　　　（承認番号　平30情複、第970号）